第三世代の経営力

その経営のままでいいのか―?
進化できる企業だけが生き残る

横田尚哉

致知出版社

はじめに

「生き残るのは、最も強い種でも、最も賢い種でもない。
唯一生き残るのは、変化に適合できる種たちである」
It is not the strongest of the species that survive, nor the most intelligent but the ones most responsive to change.

これは、チャールズ・ダーウィン氏の言葉です。生物界では、生き残る＝弱肉強食ではないということです。その環境に適合できるように進化したものたちが、生き残っていくのです。

企業にとって、利益を上げることも大切ですが、それ以上に生き残ることも大切です。生き残ることができないと、利益を上げ続けることはできません。

企業を取り巻く外部環境も、企業を動かす内部環境も、同じ状態が長く続くことはありません。常に変化しています。3年先の経営環境も予測できないほどの変化の中で、果たして、あなたの企業は、環境に適合し、進化していくことができるでしょうか。

本書は、企業が生き残るために身につけておかなければならない「進化のスキル」を説明したものです。どれほど繁栄した企業でも、どれほど大きな企業でも、環境の変化に適合できなければ、あっという間に世の中から消えていきます。たとえ生き延びたとしても、かつての繁栄の姿は消え、細々と生きていくことが関の山です。

「これまで、なんとかなってきたから大丈夫」
「今、特に問題はないから、進化する必要性は感じない」

悠長《ゆうちょう》なことを言っている場合ではないかもしれません。その時が来たら変わればいいという過信が、企業を間違った方向に進めてしまうのです。

日本航空も、デルタ航空も、ノース・ウェストも、そごうも、穴吹工務店も、ウィルコムも、リーマン・ブラザースも、ゼネラル・モーターズも、エンロンも、クライスラーも、ポラロイドも、経営が破綻《はたん》しました。

今、あなたの企業は、順調でしょうか。環境の変化に打つ手がない状態ではないでしょうか。冬眠するがごとく、じっと嵐が過ぎるのを待つつもりですか。他に責任転嫁して、ごまかすつもりですか。経営破綻寸前で気がついても手遅れです。この本を手に取った今から、進化への準備を始めていただきたいです。

私は、経営コンサルタントとして、いろいろな企業の経営者と会い、その経営論とビジョンに触れてきました。その中で唯一つ言えることは、「優れた経営者は、未来を見ている」です。かつての栄光に浸ったり、不本意な現状に不平不満を漏らしたりするのではなく、確信のある未来を、まっすぐに見ているということです。そのチャンスを待ち、いつでも飛び出せる準備を怠らず、時の流れを見ているということです。

そして、企業にとって最も気をつけたいのは、経営の代替わりです。先代の経営を引き継ぐ時は、進化を試みるチャンスでもあります。しかし、勢い余って、間違った道に進んでしまうことが多々あるからです。

大切なのは、経営ビジョンを承継し、企業の魂を受け継ぎ、手段は時代に合わせて進化していくということです。走っている道が変わってしまったからと、速度を落としたり、脇道にそれるのではなく、車や運転方法を変えて、進むべき道を進んでいただきたいのです。

本書は、そのことを伝えるために、戦後からの経営環境を振り返り、その時代に必要な経営力がいかに違うものかを理解し、そして今の時代に必要な経営力は何かについて、私の考えと「ファンクショナル・アプローチ」を伝えるものです。

「やってみなはれ。やらなわからしまへんで」

これは、サントリー創業者の鳥居信治郎《とりいしんじろう》氏の言葉です。この言葉から、サントリーには進化できる風土があることが窺《うかが》えます。進化をしなければならない時に、トップがきちっとメッセージを発信しています。発信するだけではなく、実際にいろいろと試したそうです。

ジェームス・スベンソン氏は、このように言いました[1]。

「世の中で最も残念な言葉は、『やってみたらできたかもしれない』である。それに対し世の中で最も感動的な言葉は、『やってみたらできた』である」

進化すべき時は、明日、やってくるかもしれません。準備はできていますか。

第三世代の経営力

目次

第2章 経営力から見た3つの世代

第3章

進化するために備えるべき要素

第4章

第3世代に適合した姿に変わる方法

第5章 いつまでも進化し生き残る法則

装　幀――轡田昭彦
本文レイアウト――奈良有望

第1章

経営は進化しなければならない

時代は変化、経営は進化

生物界の進化と同じ原理

経営は、進化していかなければなりません。どんなに優れた経営をしていたとしても、進化しなければ、やがて絶滅していくでしょう。それは、生物界でいう「進化」に似ているのです。進化できるかできないか、それが企業の未来を決めていると言い切っても過言ではありません。それを理解できる企業に、発展と繁栄が待っているのです。

もちろん、経営は人が意図的に行うものであり、生物が自然の流れに任せて行ってきた類と同じように考えるには無理があるかもしれません。企業は、生物界で言う進化のようなのんびりとしたペースでは、時代に乗り遅れます。今は、とても経営環境の変化が早く、これまで以上に速度を上げていかなければならない時代であることは言うまでもありません。

しかし、少し振り返ってみてください。日本のGDP（国内総生産）を世界第2位にまで押し上げてきた企業は、進化していないでしょうか。繁栄を誇っていた時代から新しい時代に、何かを手放し、新しい何かを手にしていないでしょうか。その「進化の瞬間」に繁栄と衰退の分かれ道があるのです。

進化論と言えば、チャールズ・ダーウィン氏でしょうか。「ダーウィンの進化論」は、あまりにも有名です。1859年に発表した『種の起源』では、まだ「進化」という言葉を使っていませんでしたが、進化論の概念を大きく進めました。その重要な部分は、「自然淘汰（自然選択）」説[2]です。

生物は、少しずつ異なる個体差を発生させ、その自然に受け入れられる以上の個体数を繁殖させることで進化するというものです。自然に受け入れられる個体数に限りがあるということで、その有利な個体の性質が、次の時代に引き継がれる（自然が選択する）という受動的な進化説です。

企業に当てはめて考えるとどうでしょう。

企業は、少しずつ異なるビジネスを開発し、その世の中に受け入れられる以上の製品やサービスを生み出すことで生き残ります。世の中に受け入れられる製品やサービスの量に限りがあるということで、その有利な製品やサービスの性質が、次の時代に引き継がれる（世の中が選択する）ことになります。

しかし、半世紀も経つとその説に反論する説が現れます。それがユーゴー・ド・フリースの「突然変異」説［3］です。僅《わず》かな個体差の蓄積によって新種が発生するのではなく、自然選択とは無関係に発生させた種を、自然が選択することで進化するという説です。

さらに、1968年には木村資生《きむらもとお》の「中立進化」説［4］が注目されます。突然変異は、ランダムに発生するのではなく、DNAの修復機構や複製機構に根ざした、方向性のある変異であるという説［5］です。

生物は、DNAの本来の理想を求めて、飛躍的な変異を、方向性をもって発生させることで進化するというものです。その生物が自然の中でバランスを崩し始めた時、その生物の持つ修復機構を積極的に活かします。そして、あるべき姿にふさわしい特異体を自然に選択させることで、次の時代に引き継いでいくという能動的な進化説です

企業で当てはめるとどうでしょう。

企業は、経営理念の本来の理想を求めて、飛躍的なやり方を、価値判断をしながら創造させることで進化するというものです。その企業が世の中でバランスを崩し始めた時、その企業のもつ修復機構を積極的に活かします。そして、あるべき姿にふさわしいやり方を世の中に選択させることで、次の時代に引き継いでいくということになります。

つまり、生物界も経営も、その時の環境に適合させていくことが、生存するための唯一の手段であるということです。強者生存ではなく、適者生存ということをこれからの経営者は考えていくべきなのです。

経営環境は、不可逆的です。同じ環境は二度とありません。繁栄していた頃の経営環境の思い出に耽り、その再来を夢見ている場合ではないということです。企業のＤＮＡを変えずに、やり方を変えていくことができなければならないということです。

陸に上がった魚たち

では、積極的な進化とは、どのようなことでしょうか。あえて生物界で説明したいと思います。それでは、約４億年前に遡ってみたいと思います。

４億年前は、地質時代区分で言えばデボン紀にあたり、別名「魚類の時代」とも呼ばれるくらい、魚類が海中で繁栄していた時代です[5]。魚類の繁栄は、競合の増加を意味しており、生存競争があったことは想像に容易《たやす》いことです。そして個体別に見れば、強者生存の世界であったことでしょう。

しかしある個体が、更なる繁栄を求めて、突然、陸に上がり始めます。先行して陸に上がっていた植物を求めて、陸に上がる戦略を選択したのです。そこは、レッド・オーシャンだった海中と違い、まったく競合のいないブルー・オーシャンだったのです。

　ヒレを肢《え》に変え、エラを肺に進化させ、皮膚を持つことで、水の依存から逃れたのです。実に積極的な進化でした。方向性を持ち、価値判断しながらの改革を行ったのです。まさに、適者生存を実現したのです。


　このことから、経営のヒントがあるのではないでしょうか。

　繁栄していた市場は、やがてプレーヤで飽和状態となり、ちょっとしたきっかけでバランスを崩し始めます。ただでさえレッド・オーシャンだった市場は縮小し、競合との争いが激化、価格競争の泥沼と化します。もう平和な時代には戻れず、奪い合い、共食い、騙し合いの末、両者ともにそれまでの蓄積を

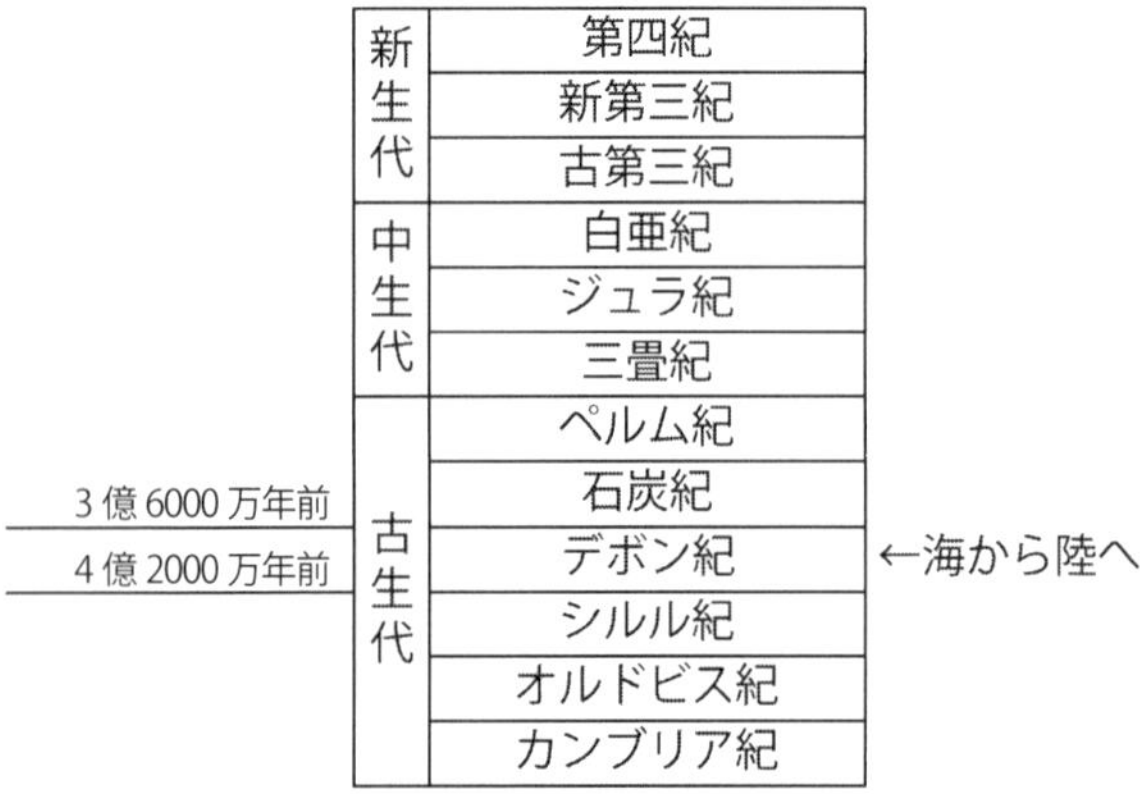

地質時代区分

使い果たし、やがて力尽きて絶滅していくことでしょう。

もちろん、別のシナリオもあるでしょう。淘汰の末、再び繁栄の市場が訪れるかましれません。環境が急変し、新たな市場が生まれるかもしれません。

しかし、たとえ市場が戻ったとしても、以前とは異なる市場なのです。プレーヤも違うのです。同じ環境はありません。その時の環境に適合することは、海中に留《とど》まろうが、陸に上がろうが、同じだということです。

あなたの企業は、今の環境に適合していますか。

企業のＤＮＡどおりの、正しい姿をしていますか。

もし今、あるいは近い将来、企業が営みにくい環境にあるならば、やがて訪れる環境に適合させるべく、経営を進化させていかなければならないのです。

首を伸ばしたキリン

もう１つ別の生物で例えてみましょう。キリンの首はなぜ長いかという話です。

それまで植物が豊富にあった森林のような環境から、草原のような環境に変化した草食動物は、まず、足を長くし、肉食動物から早く逃げられるような身体に進化させました。そして、首を長くし、足が長くても立ったままで水が飲めるような身体に進化させました。これも、肉食動物からいち早く逃れるためです。

当たり前のことですが、足と首を伸ばすことしか、生存のための手段がなかったかというと、そうではありません。サイのように皮膚を分厚くしたもの、ゾウのように身体を大きくしたもの、ウシのように反撃する武器を身につけたものなど、さまざまな生き残るための進化をしています。

しかし、中途半端な進化をしていると、肉食動物に襲われてしまいます。襲われずに生き残った個のDNAが、環境に適合しているとして、次の世代に引き継がれていくのです。そうして、その環境に生き残ることのできる性質を際立たせた生物へと進化していくのです。

企業でも同じことです。

少し前までのビジネス環境は、豊富な市場に囲まれ、いざとなったら身を隠すところもある、慣れ親しんできた安住の環境でした。ちょっと手を伸ばせば売り上げが伸び、少し移動すると新しい市場が見つかります。まるで森林のようです。

しかし今のビジネス環境は、小さな市場が分散しており、結構な努力をしないと到達できません。到達したとしてもすぐに市場は枯渇《こかつ》し、また新たな市場に向けて移動しなければなりません。しかも行動はオープンになり、遠くからでも丸見えです。襲われるというリスクがあるため、落ち着くこともできず、常に監視と対策にリソースが費やされていきます。

ある企業は、直ぐに方針変更できるよう、身軽になる手段を選びます。別の企業は、動きにくくなっても、守りでがっちりと身を固める手段を選びます。また、別の企業は、新しい武器を手に入れる手段を選びます。

中途半端な進化では、とって食われておしまいです。生き残るためには、方向性をもった戦略的な進化を確実に行うことです。そして、生き残った企業のＤＮＡが、環境に適合しているとして、次の世代に引き継がれていくのです。そうして、その環境に生き残ることのできる性質を際立たせた企業へと進化していくのです。

例えば、１９９１年には、バブル経済が崩壊しました。企業の保有する時価資産の価値が著《いちじる》しく低下し、その企業への投資は不良債権となり、貸借《たいしゃく》対照表のバランスを元に戻すために投資が制限されました。企業は投資を制限された中で、利益を生み出さなくてはならなくなりました。

1997年には、公共投資削減がスタートしました。それまでGDPの7％に相当する約35兆円を年間投資していた公共投資は、わずか8年間で半減（2005年で19兆円）に縮小しました。災害対策が後手になり、交通輸送の改善がペースダウンし、経済発展のための後押しが、半減しました。

1999年には、「男女雇用機会均等法」が改定されました。それまで努力目標だった、採用、昇進、配置、教育訓練などに、男女差をつけることが禁止されました。そして、65歳まで働ける制度の導入が義務化された「高年齢者雇用安定法」（2006年に改定）と相まって、労働年齢層の時間の使い方、生活パターンに変化を与えました。

2007年には、iPhoneが発表されました。スマートフォンのブームのきっかけです。消費者の情報収集やコミュニケーションの手段が変わり、企業も消費者へのアプローチ方法を替えていかなければならなくなりました。

同時に、団塊世代の一斉退職がありました。それまで雇用を継続することで、保有していた経験やノウハウは、退職者と共に流出、消失することとなりました。ベテランの経験の一部は、知識化することで継承できたかもしれませんが、その多くは、残念ながら過去のものとなっていきました。

2008年には、リーマン・ショックが発生しました。金融危機が世界的に広がり、経済の冷え込みから消費の落ち込みにつながりました。さらに、ドルの急激な落ち込みに伴い、米国市場への輸出に、おおきな痛手を受けました。

２０１１年には、東日本大震災が発生しました。消費者は、安全と安心に対する意識を、さらに強めるようになりました。資産や消費に対する価値観にも影響を与え、贅沢をせず質素に生活する人が増えました。

２０１３年には、ＴＰＰ参加が決定しました。関税で守られていたビジネスは、別の戦い方をしなければならなくなりました。どこからでも、自由にやってくる、草原におかれた状態となりました。


いかがでしょうか。この数年間の、企業を取り巻く経営環境に関わる出来事を振り返ってみました。これだけ変化しているのですから、企業は進化していかなければ、生き残れないことがお分かりいただけたでしょうか。

私たちは、思ったよりも広々した、草原にいるのかもしれません。どのような姿に変えていくか、戦略的進化が必要なのです。

進化してきたアップル社

進化してきた企業と言えば、アップル社だと思います。では、アップル社の進化を繙《ひもと》いていきたいと思います。

アップル社が創業したのは、１９７６年です。どのような経営環境だったのでしょうか。

アメリカの１９６０年代は、自動車や家電のパーソナル化が進み、一大消費の時代でした。しかし、１９６５年のベトナム戦争への介入により、長い財政赤字と不況がスタートしたのでした。さらに、１９７１年のニクソン・ショックによりインフレが加速し、消費者はものを買うことができない時代でした。

当時のコンピュータ産業は、ＩＢＭがメインフレーム（企業の基幹業務用などに利用される大規模なコンピュータ）市場をほぼ独占し、「巨人」と呼ばれている時代でした。

そのような中、コンピュータを個人が買う時代が必ず来ると考えた企業がありました。それが、アップル社です。コンピュータのパーソナル化に挑戦し、１９７７年に発売したApple2で大成功を果たしました。Apple2は、１９８４年までに設置ベースで２００万台を超えるといわれています。

そして、コンピュータと人とのインターフェイスにさらなる進化を加えました。それは、グラフィカル・ユーザー・インターフェイス（ＧＵＩ）とマウスを組み込むことです。１９８４年、ついにMacintoshの発売が開始となり、全てのコンピュータの進化に、新たな方向性を与えることとなりました。

もうお分かりかと思います。アップル社が生き残ったのは、環境に適合しようと方向性をもって積極的に手段を変えようとしたからです。単なる変化ではなく、進化したからです。当時の強者であったコンピュータではなく、まったく新しいコンピュータを創造したのです。それが、市場環境に適合することとなったのです。

その後のアップルは、デジタル情報を常に携帯する時代が来ると考えました。まず始めたのが、「デジタルハブ」といわれるコンセプトです[5]。２００１年に発売したiＰodはその先駆けとなりました。コンピュータが中心にあるものの、常に身につけるデジタル・デバイスという発想です。

iＰodは、単なる大容量音楽プレーヤかもしれませんが、私はデジタル・デバイスの市場テスト機だったのではないかと思っています。iＰodが進化し、いろいろなコンピュータ上のデジタル・データを身につける時代が来ると感じていました。まさにユビキタスの具現化です。

とはいえ、当時、手帳や電話がデジタル化し、携帯するような時代でありました。進化という意味では、目新しい出来事ではなかったのかもしれません。

しかし、2007年に通信機能をもったデバイス、iPhoneを発表しました。これで、コンピュータとの連携が通信回線を使ってできるようになります。「スマートフォン」と呼ばれていますが、電話機が高性能化した印象を受けますが、コンピュータがスマートになった理解のほうが近いと思います。そして、スマートフォン市場が新たな進化を迎えることになったことは言うまでもありません。

時代は常に変化しています。経済の変化、消費者の変化、テクノロジーの変化です。その変化が、これまでの手段を窮屈なものにし始めた時、進化の必要性が生まれるのです。今の企業の経営者は、いつでも進化できるようにしておくべきであり、常に進化に向けて努力をして行くべきなのです。

進化できなかったポラロイド

もう1つ、企業を紹介したいと思います。

ポラロイドカメラは、1937年に科学者であったエドウィン・ハーバード・ランド氏が創立しました[6]。撮影に関するいろいろな製品を生み出していました。

その後、「撮影した写真をその場で見たい」という要求に応え、1947年にその技術を開発し、公表しました。そして、1965年に発売を開始した「ポラロイド・スウィンガー・カメラ」が大ヒットし、インスタントカメラの代名詞となる地位を築きました[5]。

まさに、時代の環境に適合することに成功したのです。当時、写真フィルムの老舗メーカーの「コダック」はさぞ、脅威に感じたことでしょう。ポラロイドは、方向性をもって積極的な進化をしたから、繁栄できたのだと言えます。

創業者であったランド氏は、経営者でもありながら、生涯で535の特許を取得するほどの科学者でもありました。研究にかける情熱は並大抵ものではなかったそうです。それは、ランドの言葉からも窺えます。

「明らかに重要で、ほぼ不可能と思われるプロジェクトでなければ、引き受けない」
Don't undertake a project unless it is manifestly important and nearly impossible.

しかし、1980年、ランド氏は70歳で会長を辞任し、引退してしまいました。

実は、1980年代は、フィルムに代わる新たな記録方式が研究されていた時代だったのです。まさに海から陸にどのような姿で上がろうか、という時代です。進化しなければならない時代に、ランド氏がいればと感じた研究者は多かったと思います。

１９８８年には、デジタルカメラが商品として一般販売されるようになり、その市場と技術は一気に加速しました。１９９５年には、デジタルカメラでヒット商品が生まれ（カシオ計算機のＱＶ10）、時代はデジタルカメラに移行しました。

そして、とうとうこのデジタルカメラ市場の波に乗りきれず、２００１年にポラロイドは経営破綻したのです。

皮肉なことに、世界で初めてとなるデジタルカメラの技術を発明した企業は、写真フィルムの老舗メーカーである「コダック」だったのです。

生き残るための戦略は弱肉強食ではなく環境適合

生物であれ、企業であれ、進化できたものが生存し続け、進化できなかったものが途絶えていくのです。たとえ、その時代に一番強いものであったとしても、次の時代には退場せざるを得ないでしょう。いくら頑張っても、この原理は、変わりません。

進化とは、方向性をもった突然変異を市場が選択することで、その環境に適した性質を有するカタチを次の時代に引き継いでいくことです。何度も繰り返しますが、生存競争に勝つこととは、強者ではなく、適合者です。

今の試合に勝つことと、生き残ることは違います。今の勝利は、一時的豊かさと達成を感じるだけであり、個としての少しの延命と優越感が得られるだけなのです。企業として必要なのは、今年の事業目標の達成ではないということです。少しの延命と優越感に満足してはならないということです。

もちろん、勝つことがいけないことだとか、利益を上げることを否定しているのではありません。勝つことも、利益を上げることも大切な経営です。勝てなければ、生きていくことができないかもしれません。利益を上げなければ、次への投資ができなくなります。

ただ、感じ取っていただきたいのは、その次元での話ではなく、経営の視点から見た進化です。生きること以上に、生き続けることがどれほど大切かということです。戦術が優っていることではなく、戦略に長《た》けてほしいということなのです。長い目で見た勝者になっていただきたいのです。それが経営です。

経済産業省の資料をもとに計算してみますと、企業の平均寿命は、10・7歳となりました。設立して5年以上存続している企業は41・8%、10年以上だと26・1%、20年で11・1%、50年以上に至っては0・9%です。したがって、その時代が受け入れている企業の平均生存年数は、10・7年となるのです。

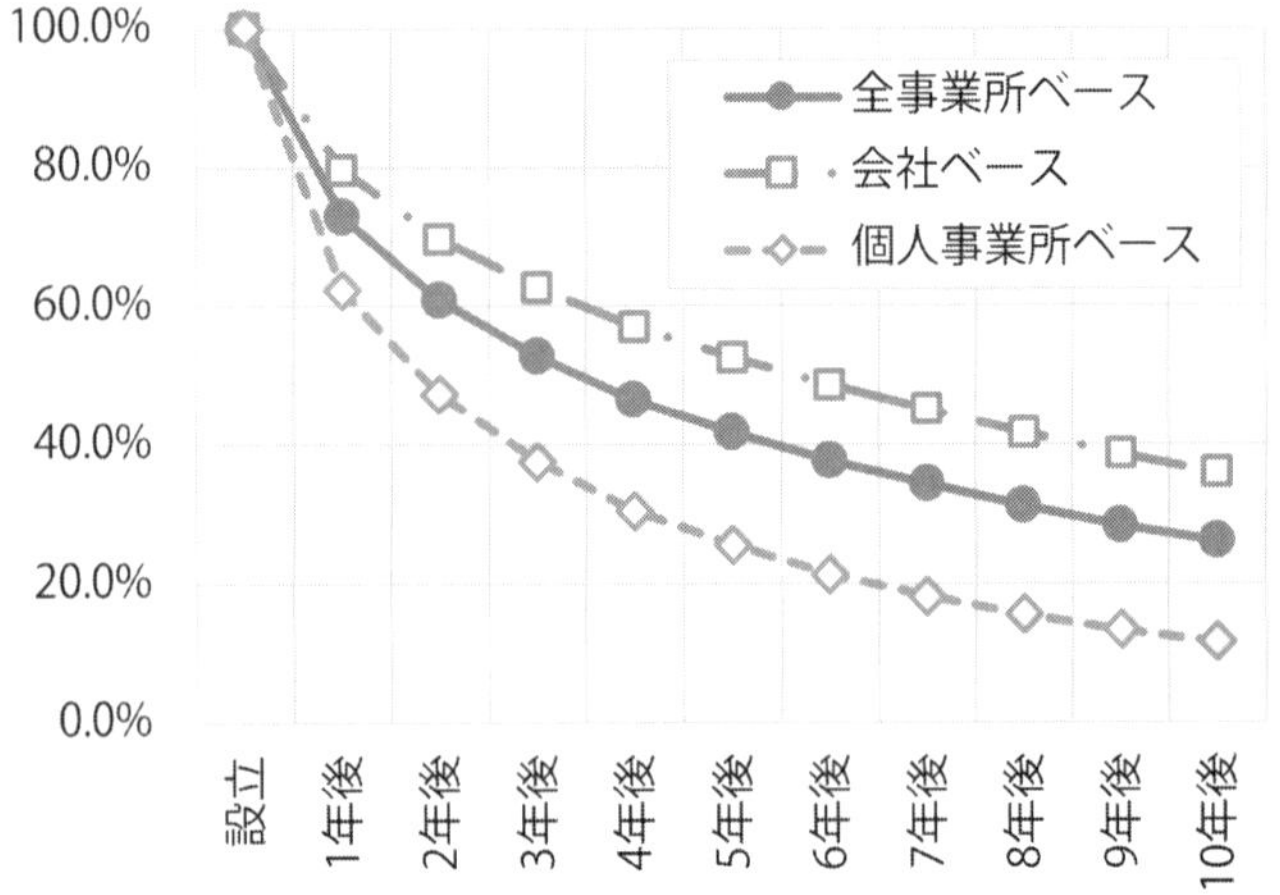

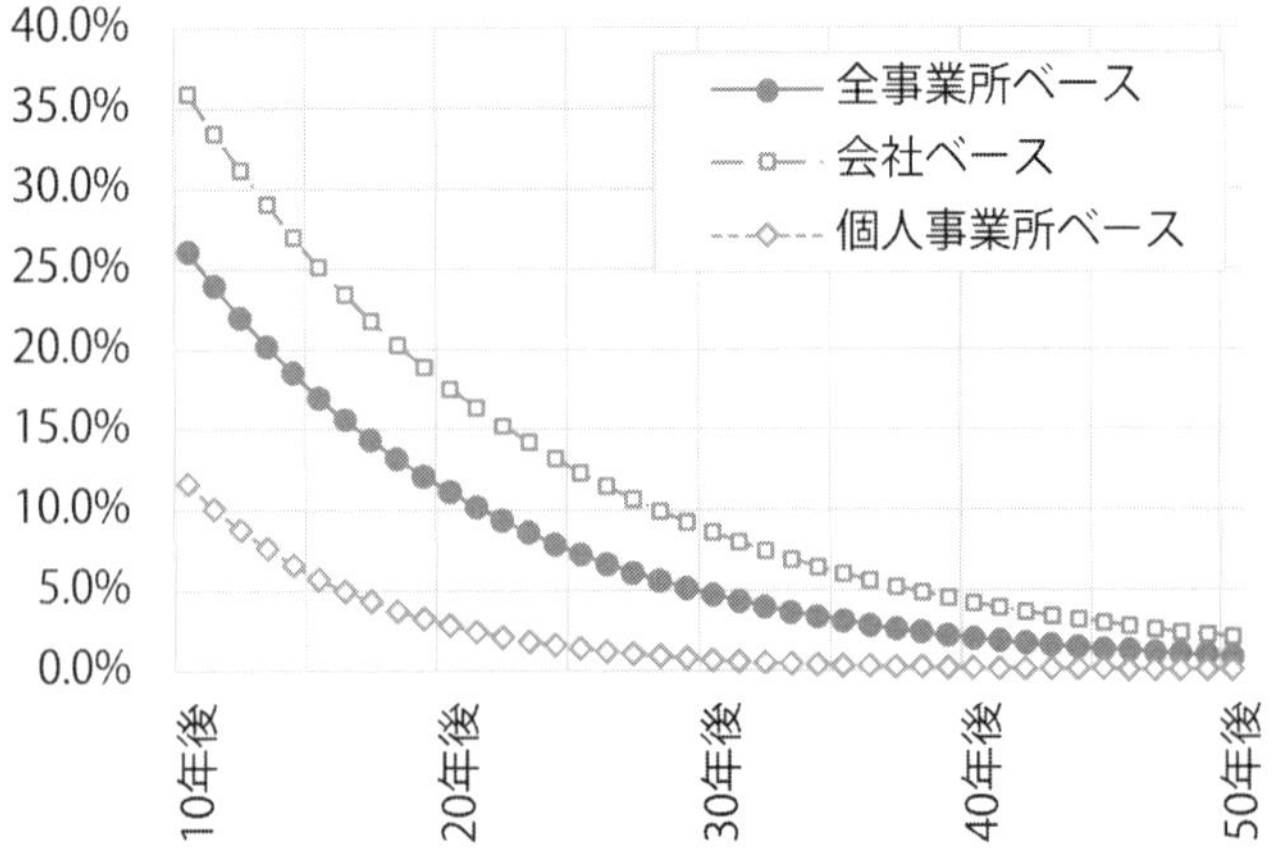

資料：経済産業省「工業統計表」をFA研究所が再編加工

事業所存続率

つまり、設立時のビジネスモデルを進化させることのできなかった企業がどれほど多いかということです。どれほど素晴らしいタイミングで設立したとしても、３年たてば環境も変化し始めるということです。企業の経営者は、ビジネス環境が設立時から変わっていることに気づいたか、気づいた時に進化させることができたかです。

次に、環境の急変に適合できなくなって、やむなく倒産せざるを得なかった企業に限定したデータを見てみます。東京商工リサーチは、倒産時の業歴年数の平均を公表しています。そのデータによると平均寿命は23・5年だそうです［7］。

また、同社のレポートでは、業歴30年以上の老舗企業の倒産が、２００２年から急増しているという注目すべきデータも示しています。倒産企業のうち、業歴30年以上の割合が、２０００年で20・６％、２００２年で25・３％、２００６年で29・８％となり、２０１４年では、30・８％だそうです。

倒産の選択をせず、統合、買収、分割などの道を選んだ企業も加味すると、環境適合がいかに大切かということが分かります。

企業が倒産せずに生き残ることは、その時代時代の環境に適合するということです。取るべき戦略は、「強者生存」ではなく、「適者生存」の考えに基づくべきなのです。環境とは、顧客に関わること、自社に関わること、業界に関わること、政治に関わること、国際関係に関わることなど、全てが含まれます。

5億年前の海の中は、硬い外骨格をまとった無脊椎動物が繁栄していました。しかし、環境の変化により、大量絶滅してしまいます。その時、一部は魚類に進化しました。やがて、魚類の繁栄の時代がやって来ました。

しかし、その魚類も大量絶滅を迎えます。魚類の一部がその時の環境に適合するように、両生類、爬虫類、昆虫に進化しました。そうして、彼らは生き延び、繁栄の時代を築きます。

やはり、このものたちにも大量絶滅がやってきます。やってきたのは恐竜の時代です。環境は大型化したものを受け入れました。

もちろん彼らも、大量絶滅しました。環境の変化に対応できなかったからです。その中

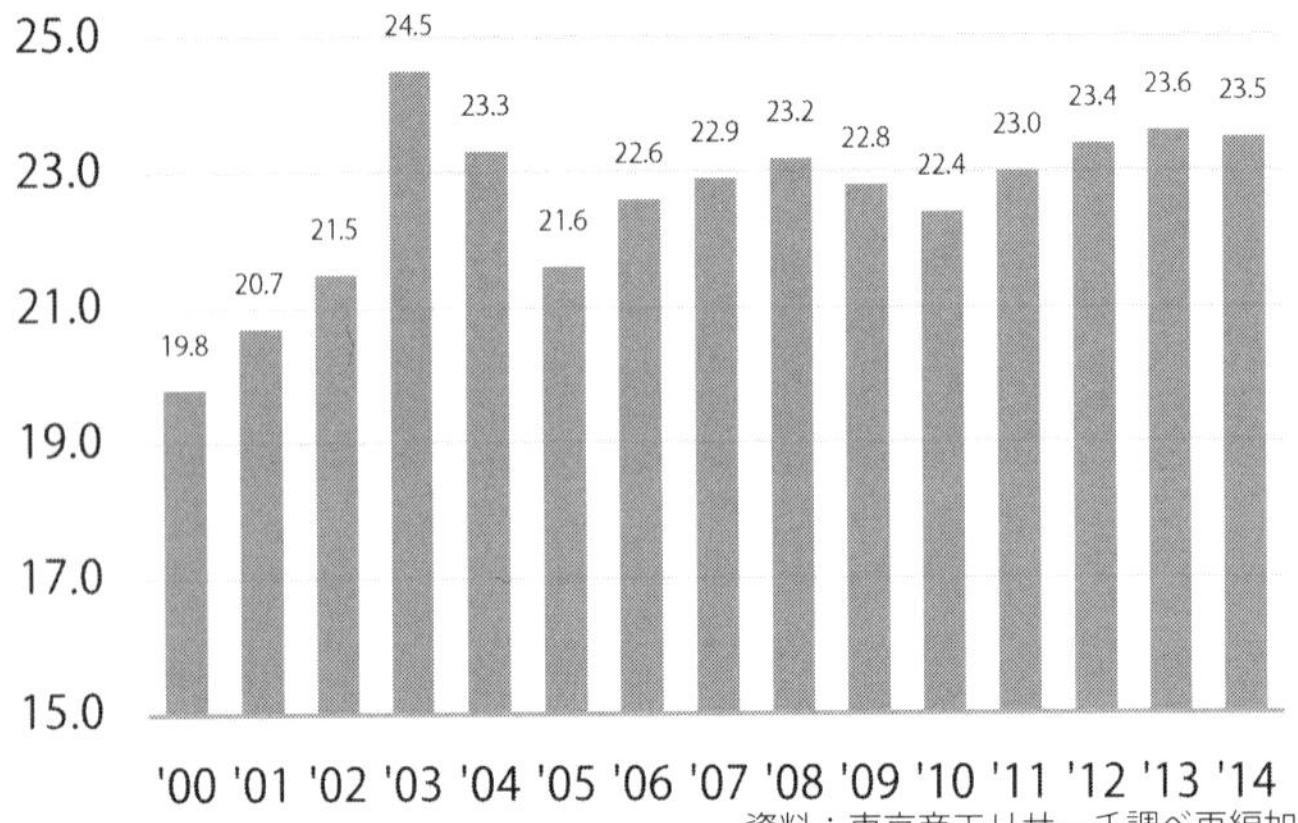

資料：東京商工リサーチ調べ再編加工

倒産企業の平均寿命推移

から、新たに進化した鳥類や哺乳類が、今の時代を生きています。

生物界の進化があるように、企業にも進化があるとすれば、いち早く環境の変化に気付き、方向性をもって積極的に手段を変えていくべきなのです。

私が、コンサルタント会社を起業した最大の目的は、ここにあります。次の時代に残るべき企業に、進化の方法をお伝えするためです。進化できれば、繁栄の時代が待っているのです。

進化と進歩

ここまで、「進化」という言葉を使ってきましたが、進化と進歩は、厳密には意味が違います。進化は生物界の言葉であり、進歩は人類社会の言葉です。

生物は、「個」として生まれると、その先天的な性質は、個としての寿命が尽きるまで続きます。いわゆる遺伝的な性質です。もちろん、後天的な遺伝的変化をする学説（エピジェネティクス、後成遺伝学）を否定するものではありません。

では、どうして「種」として進化してきたかというと、繁殖する際、自分とは異なる「個」と交わることで、その環境に有利な性質を次の世代に残す戦略をとっているからです。その環境に適さない「個」は、繁殖までの間に他の生物に捕食されたり、病気になったりして、繁殖の候補から外れていくのです。

一方、1人の人間が、その人生の中で進化することはありません。あるのは「進歩」です。進歩とは、社会や文化に関する質的な向上を指しています[5]。ゆとりや豊かさといった時間や経済に関連する量的な向上ではありません。人間には、その人生の中で、姿や性質を変更することはできません。生まれ持ったまま生き続けるしかないのです。

では、企業はどのように捉えれば、よいのでしょうか。生物のように捉えるか、人のように捉えるかです。もっと言えば、「個」として捉えるか、「種」として捉えるかです。

私は、「種」として捉えるべきだと思います。

なぜなら、企業は永遠に存在し続けることを前提としているからです。永遠に存在するために、環境に応じて変化

	生物	企業	人
全体物	種	組織	個
全体物の消滅	絶滅	倒産	死亡
途中で変化	可能	可能	不可能
変化の瞬間	個の選択時	経営判断時	なし

進化と進歩

することが許されています。法人という個のイメージもありますが、企業は組織であり、その業歴の途中で姿や性質を変更することが許されています。

だから、企業は「種」なのです。「種」として考えるから「進化」と捉えたほうが理にかなっているのです。

進化できない企業の特徴

慎重なP、力によるD、人任せなC、形だけのA

経営コンサルタントとして、さまざまな企業を拝見していると、進化できる企業かそうでない企業かが分かります。

まずは、最も基本となる進化の手段、PDCAのサイクルが正しく機能しているかどうかを見るとよく分かります。

そもそも、PDCAのサイクルは、ウィリアム・エドワーズ・デミング氏が1950年に生み出した、品質管理の手法です。既にご存じのことでしょうから、特に詳述するつもりはありませんが、改めて確認すると次のとおりです。
PLAN（計画）：予想される結果を出すために、目標を設定し、方法や手順を確立すること
DO（実行）：計画に則って、方法や手順を実際に行うこと
CHECK（評価）：実行の結果を研究し、計画との差異を測り、計画の妥当性を探ること
ACT（改善）：評価をもとに、計画や実行の考えを是正し、新たな結果を予想すること
PLAN（計画）：予想される結果を出すために、目標を設定し、方法や手順を確立すること
……

このPDCA思考で重要なことは、「品質の向上は実行を伴って作り込む」というところです。はじめから品質の高い計画を立てることよりも、ある程度の計画で実行に移し、PDCAのサイクルを活用して、計画を見直していくという考えです。
しかしながら、PLANに必要以上に時間と費用をかけている企業があります。徹底的な効果予測と完璧なリスク分析ができていないと承認されないシステムを持っている企業

です。少しでも不測のデータがあると躊躇《ちゅうちょ》し、わずかでもリスクを感じると怖《お》じ気《け》づいているのです。これでは、環境の激しい変化についていけず、タイミングをのがしてしまうことでしょう。

PLANに慎重な企業は、進化できません。

PDCAの中で、最も時間が長いのはDOでしょう。企業活動のほとんどは実行であり、そこに多くの人材と経費をかけているのです。CHECKもACTもPLANも全てDOのためです。DOが企業活動そのものなのです。

そのDOが、適切に行われていればいいのですが、実行可能な能力水準を超える水準で実行をしている企業があります。実行させる側とされる側との間に権限の差をつくり、その差を圧力にするやり方です。簡単に言えば、力ずくでしょうか。

本来、実行可能な水準の中で、最大の結果を生み出すことが求められるはずです。より効率化を図るために、水準の上限ぎりぎりを狙いたい気持ちは理解できます。時には、能力を引きだすために、上限を少し超えたところを標準にしたい気持ちも分かります。

しかし、DOにばかり負荷をかけるのは、正しいことではありません。期待どおりの結果を出すためには、DOとPLANのセットだからです。結果が出ないのは、DOの問題ではなく、PLANの問題なのかもしれないからです。CHECKやACTが機能していない場合、このような現象が出てきます。

DOを力ずくで行おうとする企業は、進化できません。

CHECKは、単純な結果の観測ではありません。英語のCheckには、点検、検査、照合などの意味があり、抑え込み（To hold back）のニュアンスがあります。単語だけで理解してしまうと間違えます。

もちろん、観測も必要なのですが、その観測結果を分析し、予測との差異を比較し、計画や実行の妥当性と完全性を評価することで、次のACTのための何かを学び取るところです。

事実、PDCAを生み出したデミング氏は、1993年にCHECKの部分をSTUDYと言い換え、PDSAと呼びました[8]。

このような理解をせずに、CHECKをおろそかにしてしまっている企業があります。結果から何かを学び取ることをせず、ただ結果を点検しているだけの企業です。学びが得られないということは、方向性の修正ができません。修正できないということは、環境の変化に適合させるための機会を失っているということです。

CHECKを人任せにしている企業は、進化できません。

ＡＣＴも誤解しないようにしたいところです。この部分は、いろいろな解釈があります。ＤＯもＡＣＴも「行動する」ことですが、まったく意味が違います。ＤＯは、行動を実際にすることであり、ＡＣＴは行動に何らかの作用を加えることです。

ＣＨＥＣＫで得られた結果から、その提案を採用し改善の決定を下したり、サイクルの継続や中断を決めたりするところです。言ってみれば、進化するべきか、しないべきかを決める重要な瞬間がここにあるのです。

そのＡＣＴを軽んじている企業があります。もっとも、ＣＨＥＣＫが点検だけの企業では軽くなって当然ですが、そうでなくても残念な企業があります。折角のＣＨＥＣＫの結果を次のサイクルに反映させる仕組みを持っていない企業です。統計的な処理や横並びによる判断しかできない企業では、多くの場合、おなじＰＤＣＡのサイクルを回すことになります。

ＡＣＴを形だけで済ませている企業は、進化しません。

ＰＤＣＡを１つずつ見てきましたが、このサイクルを正しく、しかも適切な周期で回し続けていけば、どんどん良くなっていくはずです。それが本来のＰＤＣＡの使い方です。

作業のＰＤＣＡも、事業のＰＤＣＡも、経営のＰＤＣＡも全て同じように進化していかなければなりません。進化していないということは、ＰＤＣＡのどこかのステップに問題があるのです。

こうしてみると、ＰＤＣＡのサイクルは、企業の「進化」そのものです。進化の瞬間はＡＣＴということになります。環境に応じて、状況に応じて、計画と実行を柔軟に進化させていくことができるのです。

だから、私が企業のコンサルタントをする時に、ＰＤＣＡのサイクルが正しく機能しているかどうかを見るのです。

進化できない企業の６つのタイプ

ＰＤＣＡは最も基本となる進化の手段ですが、私がコンサルタントをする時、その他にも診断システムを使ったり面談したりしています。そして、進化できる企業になるために、重点的に手を加えるところがどの部分なのかを、見極めています。

その時の観点は、３か所です。人材面、制度面、風土面です。この３つの観点から、その企業の進化に向けた強みと弱みを知り、最適な提案をしています。

1つ目の観点は、進化できる人材が育つ環境があるか、どうかです。

進化できる人材とは、進化するための新しい手段を見つけ出す人材です。創造性思考を持っている、いわばクリエイティブな人材です。過去のシガラミに惑わされず、誰かのコダワリに影響を受けず、先入観や固定観念といったオモイコミにもとらわれない人材です。

全ての従業員がクリエイティブである必要はありませんが、まったく育たない環境というのは、進化そのもののきっかけを得にくい企業と言えます。

2つ目の観点は、進化できる制度が回る仕組みがあるかどうかです。

進化できる制度とは、進化のきっかけを生み出しやすい環境を提供していたり、生み出した進化のきっかけを活かすことのできる環境を提供していたりする制度です。思考を拘束することなく、発想を溜めこむことなく、行動を邪魔しない制度です。

締め付けの強い制度や自由度の少ない制度は、折角の人材を活かすことができず、進化する時の障害になりやすいものです。

3つ目の観点は、進化できる風土が醸成される文化があるかどうかです。

進化できる風土とは、進化していこうとする社風であり、進化のきっかけを生み出す行為に対する理解ある雰囲気です。進化する直前は、今までにない意見や行動をすると、異端者のように映ります。空想にふけっていると、業務をしていないように映ります。新しいことを提案すると、これまでのやり方が否定されたように映ります。

突飛な発想を頭から否定するような風土があると、発想する行為だけでなく、発想しようとする気も失せてしまい、進化する糸口が得られなくなります。

この3つの観点が全て備わっていることが一番いいのですが、もっとも進化できない企業の特徴は、アンバランスであることです。アンバランスだと、進化するための有機的な機構が働かなくなります。このバランスを整えるだけで、進化は始まるのです。

アンバランスなことに気づかず、進化できない企業のタイプを6つ挙げてみます。

・成果管理にエネルギーを注いでいる企業
・リスク管理に時間をかけている企業
・原因追究が得意な企業
・マニュアルや手順書が充実している企業
・人材管理を徹底している企業
・人間関係が良く組織関係の良い企業

人材、制度、風土のバランスを保ちながら、高めていくことができれば、進化し続けることができます。小さいからこそバランス、大きくてもバランスです。

それは、車輪のようなもので、バランスが良いから回転できるわけです。一部が突出していては、車輪としての機能は果たしません。バランスを保ちながら、少しずつ大きな車輪に成長していくことが、より早く前に進むことにつながるのです（次頁図）。

それでは、それぞれの企業の特徴について、もう少し詳しく見ていきましょう。

成果管理にエネルギーを注いでいる企業

成果管理にエネルギーを注いでいる企業は、進化できません。成果にとても関心が高く、どのような過程で行われているか干渉しない企業です。過程の良し悪しは、成果にすべて反映されるため、成果を管理すればよいという考えの企業です。

もちろん、成果管理は一つの方法です。経営上求める成果を各組織、各担当に伝えるだけで、その考え方ややり方は、それぞれに任せるという管理です。実行を委譲している管理であり、任された方は、自分のノウハウを活かして他と差別化しながら進めていくことができます。

こういう組織ができていれば、経営はとても楽であり、戦略を伝えていけば、それぞれ

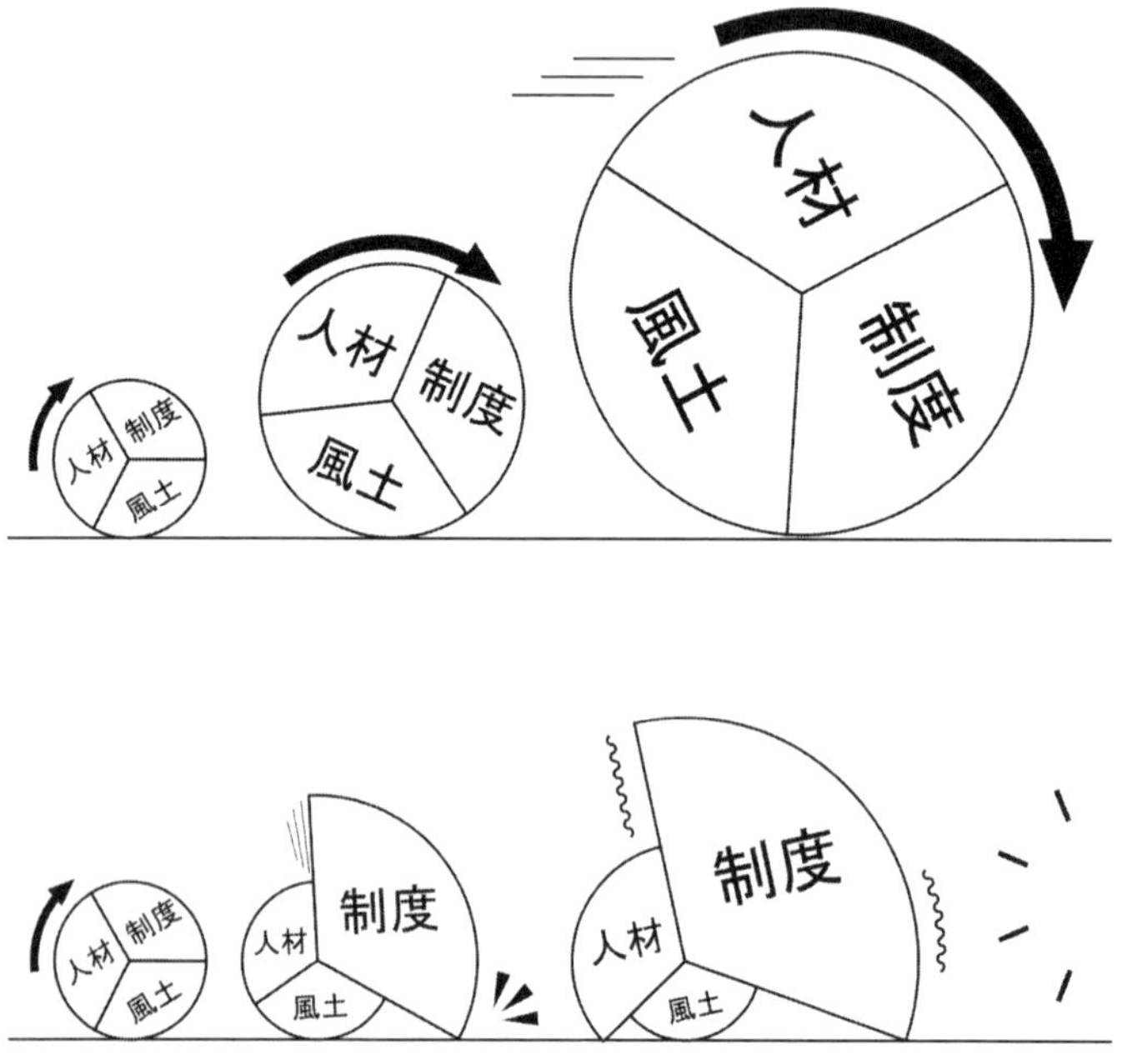

人材、制度、風土のバランスと進化

に成果を競い合ってあげてくることでしょう。

しかし、この手法で効果がでるのは、各組織、各担当の管理能力の完成度が高い場合です。そして、関連する組織との連携、調整に長けていることも必要です。さらに、経営意思の理解が正しくできていることと、全社意識で行動できる高い忠誠心のある組織です。

中途半端な状態で成果管理をすると、成果づくりのみに専念することになってしまい、長期的な視点に立った組織の維持、向上に気を配らなくなってしまいます。関連する組織とは、連携どころか、競争相手という意識を持ってしまい、組織力を活かした成果の最大化を図ることができなくなります。


このような企業は、業歴が10年以上に多いのです。20年以上になると、さらに多くなります。なぜなら、継続して経営できているということは、経営の安定化を図るために制度の拡充をしているからです。当然の経営です。むしろ、10年以上たって制度ができていない企業は、とても脆弱な組織だと言えます。

安定してしまえば、大きなブレが発生しないため、勢いよく業績を高めることができるでしょう。業務はますます経常化していくことになります。

しかし、進化しようとする時に、この安定化してしまった仕組みが障害になるのです。

私は、大企業や長年続いている企業でコンサルタントをする時、最も苦労するところでもあります。制度により安定している企業は、人材や風土では安定できないからです。
その状態を見落として経営を改善することは、企業をとても危険な状態にすることを意味しているからです。患部にのみ気を取られていては、命を落とすこともあるということなのです。

ある企業の中・長期戦略を立てる際、その企業の経営幹部に、次のような質問をしたことがあります。

「将来の経営体制の設計に必要なためお聞きします。目指したい理想の経営は、次のどちらですか。
事業部門の経営は、本社組織が積極的に関わっていき、事業部門は成果に専念するのか、
事業部門の経営は、事業部門に任せ、本社組織は成果の予実管理をしていくのか」

もし、事業部門の経営を事業部門が行うのであれば、本社の機能の一部を事業部門に移していかなければなりません。もし、事業部門の経営を本社組織が行うのであれば、本社組織に権限と責任を集中していかなければなりません。
その経営幹部は、本社組織は予実管理を行う組織になっていくべきだ、と答えました。

つまり、経営の意思として、成果管理でここ数年の時代を乗り切っていこうというものです。正しいとか、正しくないとかというものはありません。

ただ、この状態で経営をするということは、企業として方向性をもった進化ができないリスクが高まるということです。楽な経営をして責任のみを事業部門に押し付けようとしているのなら経営者として失格です。事業部門の可能性を信じて、進化する権限を手放すつもりであるなら勇気ある決断です。

ＭＢＯからＭＢＢへ

ＭＢＢという考え方をご存じでしょうか。一橋大学の名誉教授、野中郁次郎氏らが提唱する経営手法の新しいコンセプトです。

ＭＢＯ（Management By Object、成果主義）に対して、ＭＢＢ（Management By Belief、思いのマネジメント）と名づけたものです。

野中氏らによると、ＭＢＢとは、次のように定義されています。

ＭＢＢとは、会社の目標や組織の背景にある経営陣や上司の思いと、自分自身の仕事やキャリアに対する思いをぶつけ合う『創造的対話』によって、会社にとっても自分にとっても意味のある業務上の目標を見出し、それを設定して、実行していくこと。

成果主義の経営は、数値目標が全てになってしまいます。中期計画や年度計画で設定した数値目標が、行動の拠り所になり、管理のターゲットとなり、評価の証拠となるのです。そうなると、その仕事が「誰のためか」「何のためか」がまったく意識されずに実行されていきます。

酷い企業になると、その答えすら存在していないようなところがあります。数値しか与えられず、数値しか見えず、数値しか見てもらえない業務環境です。

まさに、成果主義が進化に悪影響を与えてしまいます。そのことを、『MBB：「思い」のマネジメント』[9]には、次のような文章で表現しています。

数値目標だけがあり、夢や志が語られない組織の中にいると、次第に考えることを避けるようになる。そして、単に目の前の課題をひたすら片づけるだけで快感を覚え、本質的な課題を考えたり振り返ったりしなくなる。心の中にモヤモヤとしたものを抱えてはいるが、忙しさの中に埋没してしまう。「とりあえず」そんな言葉が職場に蔓延する。上司に相談しても、返ってくる言葉はうつろだ。「オレもそこまで深く考えているわけじゃないから」「できる範囲でいいから、適当にやってよ」こんな言葉に部下は気持ちがなえてしまう。そのうち上司との真剣な対話もなくなる。こうして形だけを取りつくろい、成果主義の評価をクリアするためだけに数値目標を達成しようとする、刹那的な文化が形成されていく。

リスク管理に時間をかけている企業

リスク管理に時間をかけている企業は、進化できません。リスクに対して慎重であることも考えものです。そもそもリスク管理は、守りの手段です。リスクの高い活動を抑えようとする仕組みなのです。だから、リスク管理に時間をかけるということは、進化できないのです。

本来、リスク管理は、新しいことへの挑戦にも役立つ仕組みであるはずです。守りの手段と言い切るのも、言い過ぎかもしれません。リスクを回避しながら、進化に挑戦するという意味では、リスク管理を否定するべきではありません。

ここで指摘しているのは、リスク管理にかける時間です。リスク管理の意味を理解せずに、リスク管理をすることでリスクを管理していると勘違いしているのであれば、それは時間の無駄遣いであり、進化を阻害する行為になるのです。

では、リスク管理について、復習しておきましょう。

リスクの定義は、いろいろとありますが、経済産業省は、「組織の収益や損失に影響を与える不確実性のこと」と定義しています[10]。そして、リスク管理とは、「収益の源泉として、リスクを捉え、リスクのマイナスの影響を抑えつつ、リターンの最大化を追及する活動である」としています。

ここで重要なのは、マイナスの影響とプラスの影響の両方を指しているということです。マイナスの影響のみをリスクと捉えて、リスク管理をしていると、本来の使い方と違ったものになってしまいます。

特に、阪神・淡路大震災で注目された「危機管理」をリスク管理と混同してしまう企業もあります。危機管理は、クライシスに対する管理ですから、マイナスの影響のみの管理となります。

企業にとって、「危機管理」、「事業継続計画」（BCP）、「緊急時対応計画」（コンティンジェンシー・プラン）などは、大切なことですが、リスク管理と混同しないようにしたいものです。

そして、リスク管理の内容は、まず、想定される全てのリスクの洗い出しから始まります。そして、洗い出したリスクの発生確率と影響度を評価し、優先度に応じたリスクの対策をしていきます。その後、リスクの発生状況を監視していきます。

このようなリスク管理に、関連部署を巻き込んで、多くの時間をかけているということは、進化に対する手続きを面倒なものにしていることに繋がります。

では、リスク管理をしないのかというと、誰も否定できないでしょう。「リスク管理」という聞こえのよい言葉に管理組織が酔いしれているのであれば、それこそが進化を止めている障害になっていることに気づく必要があります。

さらに、リスク管理と深い関係にあるのが、内部統制です。内部統制とは、業務の有効性と効率性をよくし、財務報告の信頼性を高め、関連法規を遵守《じゅんしゅ》するために、活動の遂行を制御する仕組みです。企業継続にとってとても重要な要素です。

つまり、リスク管理に時間をかけているということは、企業は城壁を高くし、堀を築き、深く根を張る作業をしているということです。企業は安定し、外部環境の変化の影響を減らし、内部環境の変化を起こりにくくしているということです。

完璧な守りにより、自ら崩れることはなくなるかもしれませんが、新たな市場に移動することを諦め、その地で営み続けるしかないでしょう。

原因追究が得意な企業

原因追究が得意な企業は、進化できません。企業が活動していると、何らかの不測の事態が起こるものです。その時、原因追究の仕組みが働き過ぎるのも問題です。原因追究が得意ということは、その事態に至った過去の活動のすべてを把握できている状態であるということを意味しています。

原因追究をしないというのも問題です。もちろん、得意であることはいいことです。再発を防止するためには、原因から是正するしかないわけです。現象ばかりに対応していては、進化しても長続きしないでしょう。

ただ、進化という観点から言いますと、原因の是正は、現状の回復までがいいところで、新しい手段が生まれにくいということです。計画どおりに活動を行うための管理手法であり、ＰＤＣＡで言えば、「Ｄ」で活用するものです。

トヨタの副社長であった大野《おおの》耐一《たいいち》は、「5回の『なぜ』を自問自答することによって、ものごとの因果関係とか、その裏にひそむ本当の原因を突きとめることができる」と言いました[11]。現象に対して「なぜ」を繰り返していくと、多くの場合、真の原因に辿り着けるというものです。問題は真因から対策していくという考えによる分析です。いわゆる

「なぜなぜ分析」であり、トヨタ生産方式の重要な部分です。

しかし、追究される原因は、１つとは限りません。単純な活動であれば、１つかもしれませんが、事業レベルの問題になると多くの要因が考えられます。なぜなぜ分析は、小さく、単純な活動に対して有効であり、職場で繰り返し行うサークル活動を前提に生まれた方法です。

ＩＳＯによる品質管理（ＩＳＯ９０００ｓ）をしている企業もあるでしょう。ＩＳＯ認証を受けると、社会的信頼度が上がります。品質管理の取り組みを示すことで、受注を優位に働かせたいと思う企業は多いはずです。

残念なのは、ＩＳＯのために本業を圧迫している企業です。ＩＳＯを導入するということは、全ての企業活動の記録を取るところから始めます。何か不測の事態が発生した時に、その原因を遡れるようにするためです。どこの作業が原因かを突き止められるようにするためです。

原因が発生することは、よくないことですが、そのために必要以上の時間をかけてしまうのもよくありません。本業にかける時間との配分を考えて行いたいものです。

いずれにしても、原因追究が得意ということは、優秀な刑事がいるということです。犯人捜しが得意の刑事です。常に巡回し、おかしな行動をとろうとする人を捕まえて、更正させることでしょう。異端児の生まれにくい風土が出来上がります。

実際、そういう企業での進化は、起こりにくいのです。新しい芽を摘むだけではなく、芽を出そうとする意欲まで奪ってしまっている企業があります。経営幹部は、会社のためと思ってやっていることかもしれませんが、従業員にとっては、居心地の悪い環境になっているということなのです。

マニュアルや手順書が充実している企業

マニュアルや手順書が充実している企業は、進化できません。企業の活動の全てにおいて、実施基準があり、作業マニュアルがあり、従業員の行動は、マニュアルや手順書によりしっかりとガードされている企業です。

もっとも、従業員による判断ミスを避けるために、行動の全てに事細かくやり方や判断の仕方を書く必要もあります。ヒューマン・エラーの発生しやすい業態であり、従業員のトレーニングが充分にできない状況にある企業では、逆に、なくてはならないものです。

しかし、マニュアルや手順書は、本人の判断に依存しないようにできているため、判断スキルは育ちません。育たないということは、マニュアルや手順書に書いていないことが発生するると、行動は停止するようになっています。

もし、企業が新しい進化を望んでいるのであれば、マニュアルや手順書が進化を阻んでいることに気づくべきなのです。進化するためのヒントは、マニュアルや手順書には書いていないからです。


ある企業でこのようなことがありました。業務を行う上で、今までのやり方と異なるやり方を提案する従業員に対して、会社がこのような返答をしたのです。

「そのやり方は、手順書にないやり方なので出来ない。するのであれば、手順書を改定するための稟議と審査を通し、関係者の確認が取れるまで待たなければならない」というものです。

その従業員は、業務を滞らせることができないため、手順書のやり方に沿ってやるしかなかったというのです。

これでは、何の進化もできません。手順書を変更できるシステムがあるようですが、事実上、利用できないようにしてあり、変える気がない残念な企業です。

マニュアルや手順書が充実している企業は、それらを完璧にしていき、逸脱を徹底的になくすことにエネルギーを注いでいきます。新しい芽は、ことごとく摘まれることになるのです。一度決めたやり方は、変えにくくなっているのが、この企業の特徴です。

鼻が利く、感の鋭い、見る目のある従業員が育つ環境はできません。進化につながる芽が育つ風土もありません。マニュアルのエキスパートになるか、手順書マスターになるかしかないのです。仕事の目的は、マニュアルに書いてある《基準を満たす》コトだと勘違いする従業員が増えるだけなのです。

人材管理を徹底している企業

人材管理を徹底している企業は、進化できません。簡単に言えば、従業員の行動管理を徹底している企業です。労務管理だけでなく、従業員の行動の全てを管理、コントロールしようとする企業です。

当然のことながら、企業にとって労務管理は、当たり前のことであり、従業員の労働負荷の状況や健康管理の上では、徹底するのが義務でもあります。労務管理をしない企業は、本来、存在するべきではありません。

しかし、ここで言っている人材管理とは、過剰な従業員管理です。従業員の労働負荷の管理と言いながら、どこで誰と会って、何をしているのかを執拗に管理しようとする企業です。

よくあるのが、営業管理です。営業職の従業員は、日中、外出しているため、どこで何をしているのか、分かりにくいものです。もしかしたら、営業に行ってくると言いながら、喫茶店や本屋で、ひと時を過ごしているかもしれません。

会社としては、そういう時間をなくしたいと思うものです。管理できない時は、営業目標を厳しめに設定し、そういう時間を生み出せないようにしようと考えます。あるいは、営業報告を細かく提出させ、時間的な余白を見つけやすくしようと考えます。さらに、最近ではスマホの位置情報を会社が管理できるようにし、滞在時間と場所を全て把握しようと考えます。

このやり方で、営業効率が高まることもあるでしょうが、進化するための機会は限りなくなっていくことでしょう。営業職の従業員が、本屋で何か閃くかもしれません。喫茶店でアイデアが降りてくるかもしれません。進化の兆しは、行動と行動の隙間、余白から生まれているものなのです。

会社がどこまで管理するかは、それぞれの会社の考えでよいと思いますが、進化する風土を醸成していくためには、その程度を慎重に考えていくべきです。ある企業では、休日の趣味、スポーツといった行動まで提出させていました。さらに、外部の人と飲みに行く時にも、申請が必要というわけです。

会社として、企業情報の漏洩や多重就業の抑止の意味であり、従業員の個人情報はきちっと管理しているし、行動をコントロールしているわけではないと言います。本当に、従業員は、のびのびと行動できるのでしょうか。

人間関係が良く組織関係の良好な企業

人間関係が良く、組織関係の良好な企業は、進化できません。これまでのような進化の芽を摘むような企業ではないのですが、仲良しすぎるのも問題です。より良い姿を探し求めるというよりも、周りとの関係性を保つことを重視してしまう企業です。

人間関係が良好であることは、いい風土があって良いことです。人間関係を悪くしろと言っているのではありません。本来、組織が有機的に機能するためには、個々の経験と知識を相互に作用させていかなければなりません。

人間関係を重視するということは、意見や指摘、あるいは否定といった行動を自ら抑制してしまうことに繋がります。問題が発生しても、仲良く慰め合い、励まし合い、力を合わせて歩んでいくようでは、あまりにも平和すぎます。

進化には、刺激が必要なのです。知恵は、苦労の中から生まれます。力は、その限界まで達した時に増え始めます。アイデアは、追い詰められた時に降りてきます。

私が企業に赴いて、そこの問題解決をする時、集まっていただいたメンバーの方々に必ず言うことがあります。それは、「遠慮しないでほしい」ということです。私にではありません。みんなに対してです。

「自分が発言したところであまり変わらないだろう」とか「偉そうに意見することはやめておこう」とか「関係が悪くなりそうなのでよしとこう」と思わないでほしいのです。

こういった風土は、仲良くするためには役立つかもしれませんが、現状から変わることができず、進化する機会を失ってしまうのです。

だから、「遠慮しないでほしい」と言うのです。遠慮するとクリエイティブな作業はできません。目の前の問題は解決しません。ぶつかり合うほどの意見交換こそが、仲の良い証《あかし》なのです。上辺の仲の良さは、必要ありません。

その場の人同士だけではなく、過去の人との関係も同じです。前任者が決めたことだから、変更しないというのは何の理由にもなりません。組織としての決定事項を勝手に次々変えることはありえませんが、必要なら手続きを踏んで変えていくべきです。

人と人も、前任者と後任者も、組織と組織も、同じです。自由闊達《かったつ》な雰囲気のもと、それぞれの知識と経験を遺憾なく発揮し、相互に意見交換ができる風土が必要だということです。

馴れ合いの仲の良さ、間違いを指摘せず見逃す風土、意見の衝突を避ける文化は、企業にとってマイナスです。そういう雰囲気のある企業は、まず進化することはできないでしょう。

話題の企業にみる進化

事業承継と同時に進化するＩＤＣ大塚家具

１９６９年創業のＩＤＣ大塚家具は、２０１５年初頭の「お家騒動」で世の中の注目を浴びました。創業者の大塚勝久《かつひさ》氏とその娘の大塚久美子氏の経営対立が生じました。

もともとは、２００９年の大塚久美子氏の社長就任から始まります。創業から40年間のそれまでの経営路線を大きく変えていきます。接客方法、店づくり、販売方法など、その時代の環境に合わせた進化が始まりました。

ところが、会長に退いていた大塚勝久氏には進化ではなく、否定と映ったようです。

2014年に大塚久美子氏は社長を解任となり、5年間の進化が元に戻されていきました。その進化が正しい進化であったのか、そうでなかったのかは、分かりません。しかし、進化すること自体を否定する考えが先にあるのなら、企業として間違いです。

結局、2015年1月に大塚久美子氏が社長に復帰し、3月に大塚勝久氏が会長を退任することで一段落ついたようです。そして、新しい経営路線を進んでいるようです[12]。

私は、この一連の騒動を知り、メディアは、「お家騒動」だとか「親子喧嘩」だとかと取り上げていますが、本当にそうなのかはわかりません。ただ一つ言えることは、進化するための努力がなされたことと、それを否定する努力がなされたことです。

変化は、企業にとって必ずやってくることです。その時に、進化するかどうかは、経営の判断になるのです。今回、経営の中で、相対する立場を取る人が、たまたま親子であっただけなのかもしれません。

残念なのは、双方ともカタチにこだわったのではないかということです。本質を見失っていたか、本質で議論しなかったということです。

進化の瞬間に「シガラミ」「コダワリ」「オモイコミ」があると躊躇してしまうものです。過去の栄光があったりすると、なおさらです。経営環境が当時のように戻ることを待つ前に、自らを適合させていくことを考えることが必要です。それに、気づいた企業が生き残っていきます。

ほぼ同じような業歴のあるニトリ（ニトリホールディングス）は、順調に売上を伸ばしています[13]。売上高を見る限り、環境にうまく適合できていると言えるでしょう。

果たしてＩＤＣ大塚家具は、進化できたでしょうか。環境がそれを受け入れるかどうかは、近いうちに市場の選択により明らかになることでしょう。

私はこの問題が、経営の承継と進化に関する重大な問題であると捉えています。承継すべきところと進化させていくべきところを間違えると、このような騒動に発展してしまい、従業員や顧客へマイナスの印象を与えてしま

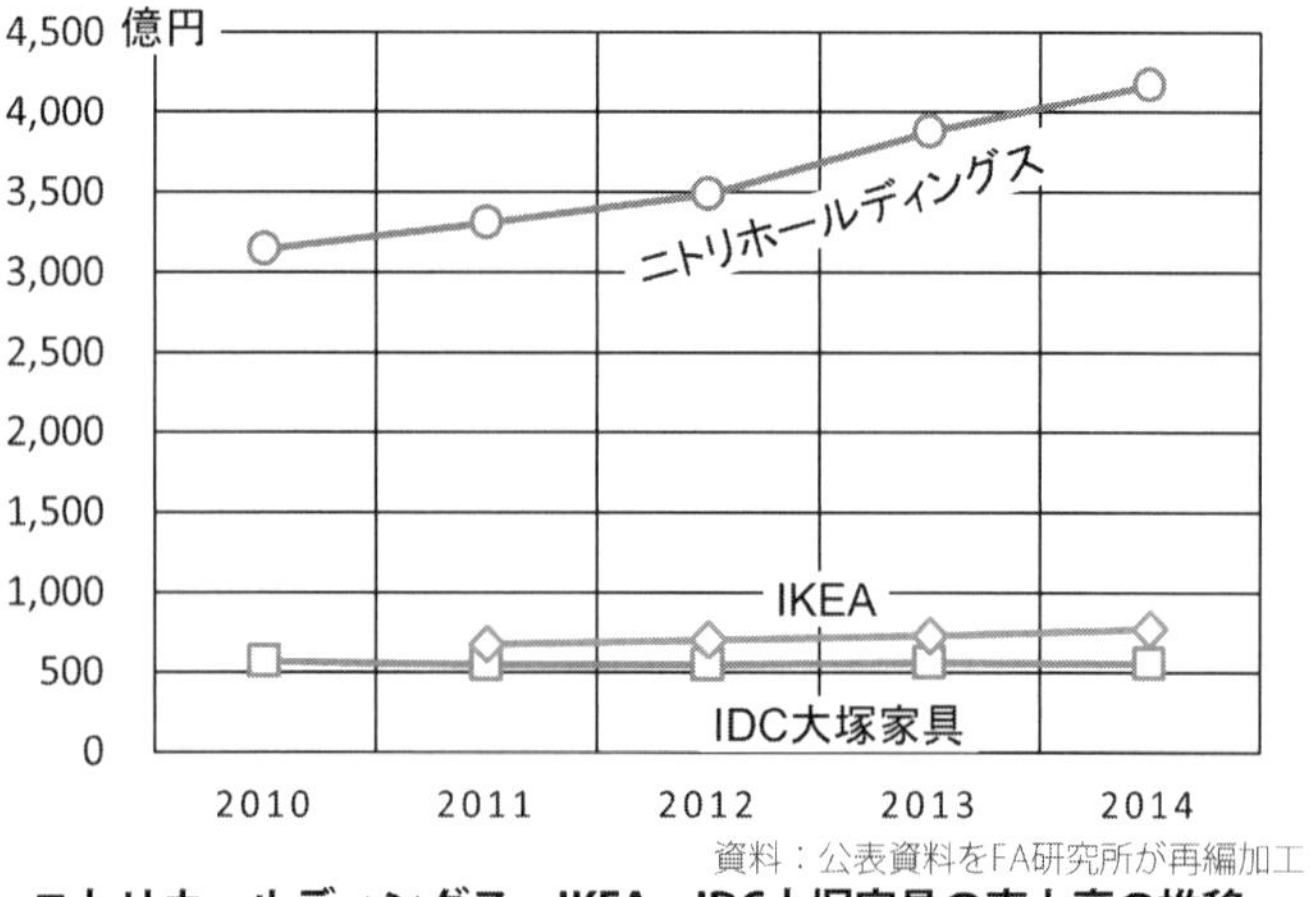

ニトリホールディングス、IKEA、IDC大塚家具の売上高の推移

います。

大切なことは、経営を承継する時に、何を引き継ぐかです。カタチで引き継いではいけないということです。本質（ファンクション）で引き継ぐことです。カタチは変わるもの、本質は変わらないものです。経営者は、本質を見て、本質から感じ、本質から考え、本質から判断してもらいたいものです。

感覚で進化するカルチュア・コンビニエンス・クラブ

１９８５年に蔦屋書店の開業からスタートしたカルチュア・コンビニエンス・クラブ株式会社（現在）は、書籍や雑誌の販売の他に、音楽や映像ソフトのレンタルや販売、中古本の買い取りや販売を手がけ、１９９９年からネット事業を、２００３年からTポイント事業を開始しました[14]。

この30年の間に、さまざまな進化をしてきた企業と言えるでしょう。もともと始めた書店にこだわり、《書籍を売る》コトを目的としていたら、きっと進化はできなかったでしょう。そもそも顧客は何のために《書籍を買う》のかというと、それは《仕事を忘れる》ためであったり、《余暇を楽しむ》ためであったりするのです。

だから、書籍だけでなく、音楽や映像でも同じ目的を達成できるということになるのです。手段にとらわれず、顧客の求める本質に向かって進化してきたと言えるでしょう。

特に、レンタルビデオの普及では、オンラインレンタルや宅配レンタルといったその時代に求められている手段に進化し、業界を牽引し続けています。

一方で、原点である書籍販売に対しても、「代官山蔦《つた》屋《や》書店」のような新しいコンセプトの書店への挑戦も続けています。


過去の成功に囚われず、常に、顧客の立場に立ち、時代の変化を先取りし、進化のチャンスを逃さない経営がそこにあるのだと思います。

創業者である増田宗昭《むねあき》氏は、大学卒業後、10年間勤めたファッション業界とは、まったく異なる書店を始めています。まさに、過去にとらわれない行動ですね。

その発想の源は何かと言えば、2015年の日経オンラインの取材記事で「！」と表現しています[15]。「論理よりも感覚が先行して動く」のだそうです。

こういう経営者がいる企業は、常に進化し続けていきます。目が話せないです。

本質を見失ったロッテ

ロッテも2015年、お家騒動で世間を騒がせました。創業者であり、当時、株式会社ロッテホールディングス会長であった重光武雄《しげみつたけお》氏（韓国名・辛格浩）が、２０１５年１月に自身の長男である重光宏之氏（同・辛東主）の、同社を含むグループ各社の役員を解任したことから始まります。

理由は公表されていないため、さまざまな憶測が立てられていますが、どうやら、重光武雄氏の長男と次男である重光昭夫氏（同・辛東彬）との経営権紛争のようです。

１９２２年生まれの重光武雄氏は、当時92歳の高齢であり、重光宏之氏は61歳、重光昭夫氏は60歳でした。そして、重光宏之氏は日本ロッテグループを、重光昭夫氏は韓国ロッテグループを相続する構図が出来上がっている中での騒動でした。

当時のロッテグループの経営規模は、２０１４年の日韓連結財務諸表によると、売上高は６兆５０００億円、営業利益は２３００億円でした。売上高のうち、韓国ロッテが90％以上を占めており、重光昭夫氏の経営手腕が高く評価されていました。

そのことが、重光宏之氏には辛い立場だったようで、なんとかして、自分の地位と権利を守り、あわよくば全てを自分１人のものにしたかったのでしょうか。韓国ロッテグループの株式を買い、持ち分の比率を高め始めました。

その思いと行為を重光武雄氏が知り、取締役の職を解いたのではないかと言われています。それで終わらず、取締役の職を解かれた重光宏之氏が、２０１５年７月に重光武雄氏と重光昭夫氏の解任決議を強行し、全てを相続しようとしたものですから、またもや世間を騒がせることになってしまいました。

この決議は、すぐに無効とされ、最終的には重光昭夫氏が日本と韓国の両方のグループの代表権を持つこととなりました。この事業の承継騒動で、ロッテは消費者に対して、日本でも韓国でも、不信感を抱かせてしまうことになってしまいました。

企業にとって、代替わりの瞬間は気をつけたいところです。どうしても、地位欲、名誉欲、権利欲、金銭欲などが判断を誤らせてしまいます。企業の本質を見失い、欲に溺れて、道を踏み外してしまうのです。

まるで、芥川龍之介の『蜘蛛の糸』のようです。日本ロッテグループを承継し、進化させていけば、まだまだ繁栄の道はあったのにと、つくづく残念に思います。

ヒトを大切にする星野リゾート

株式会社星野リゾートは、1914年に軽井沢で星野温泉旅館を開業し、100年以上続く老舗企業です[16]。100年の間に幾度となく訪れた環境の変化に、見事に対応し進化してきた企業であると思います。

2015年時点の経営者は、星野《ほしの》佳路《よしはる》氏です。1991年に5代目として株式会社星野リゾートの代表取締役に就任し、「リゾート運営の達人」という企業ビジョンの下、２００１年から山梨県「リゾナーレ」の経営への参画を皮切りに、２００３年には福島県の「アルツ磐梯《いわき》」を、２００４年には北海道の「アルファリゾート・トマム」を再建させてきました。

旅館経営の難しい時代において、破綻していたリゾートを見事に進化させ、再建できたポイントは何処にあるのでしょうか。

ずばり一言で言えば、「ヒト」です。ヒトを育て、組織が育つ文化を創ったことです。このことは、進化する上でとても重要なことなのです。

組織のトップにとって、進化の方向を見つけることは至難の業です。先入観や固定観念が未来の姿を見えにくくしているからです。だからといって、これまでの文化をないがしろにするような進化も、危険な道になります。

そこで、従業員を育てることを選択したのです。コミュニケーションをよくし、意見交換できる風土を作り、知恵を創造できる場を築いたのです。

そうすることで、顧客満足度の高い進化の道が見えてくると同時に、従業員のモチベーションは高まり、心と力が一致するのです。

私がコンサルタントとして、企業の進化のお手伝いをする時と、まったく同じ原理であり、だから進化できるのだと、星野佳路氏の経営論に感服する次第です。

第2章

経営力から見た3つの世代

時代とともに進化してきた経営力の3世代とは

これまで、話してきたとおり、企業は進化していかなければならない宿命にあります。単なる成長という意味ではなく、性質的に変わっていくということです。そこには、環境の変化があり、適合できた企業が生き残ります。

では、戦後から今までにどれほどの経営環境の変化があったでしょうか。それぞれの時代にいろいろな変化はありましたが、企業の経営の根幹を揺るがすような大きなうねりのような変化が3回ありました。

この章では、戦後からの時代の大きな変化を3つに区切って、できるだけ要点を絞ってお伝えしたいと思います。この3つの時代に、それぞれに必要な経営力が違います。経営力は時代によって違ってくることを理解していただきたいからです。

その3つの時代とは、第1世代、第2世代、第3世代です。第1世代に必要な経営力とは、敗戦後の復興の流れの中で必要な経営力です。第2世代に必要な経営力とは、経済大国として安定している中で必要な経営力で。そして、第3世代に必要な経営力とは、時代が生まれ変わろうとしている中で必要な経営力です。

そこで、その3つの時代背景を整理しておきたいと思います。

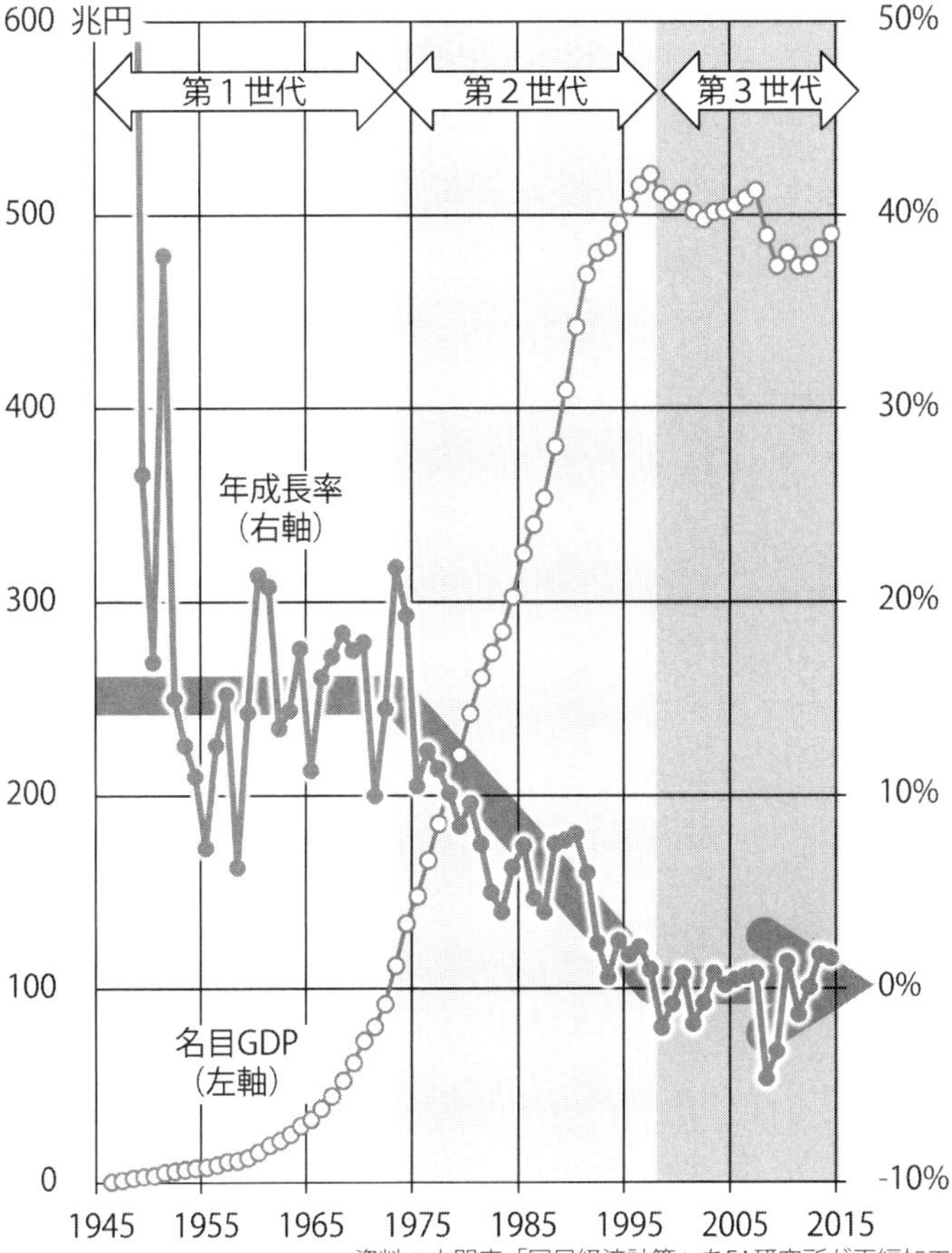

日本の名目ＧＤＰと年成長率の推移と経営力の３世代

速度を重視した第1世代の経営力（1945〜1973年）

第1世代は「仕掛け」の世代です。全体的に見て、この世代は速度を重視した時代と言えます。時代の流れが速いため、ちょっとゆっくりしていると取り残されてしまう時代です。GDPの年成長率が平均15%[17]ですから、市場の感覚は、1年前とまるっきり変わってしまっているような時代です。

そういう時代に必要なのは、速度に対応できる経営力です。速度とともに、多量の人と物が動きます。それに適応できた企業が生き残る時代でした。

戦後復興の第1世代

日本の1947年のGDPは、まだ1兆3000億円前後でした。国の経済水準を一人当たりのGDPとすると、当時、1万6000円前後（2014年では390万円）で、アメリカの6分の1しかありませんでした[18]。まだまだ、世界との開きが大きかったのです。当時は、まず復興が必要な環境にありました。充分な投資のできない中で、とにかく這い上がっていかなければならないという機運が高まっていた時代でもありました。

経済状態は、１９５２年頃まで安定しませんでした。こういう混乱の時代は、今までの常識を早く手放すべき時です。その場、その時の状況判断が必要な時代です。会議を開いて、関係者の合意を得て、リスク分析をするなどしている暇はありません。とりあえず、スタートしてその中で改善していくという考え方です。

１９５０年のデミング氏の来日は、そういうタイミングだったのです。特に、ＰＤＣＡの考え方は、国内の製造業をはじめ、多くのビジネスに大きな影響を与えました。そして、

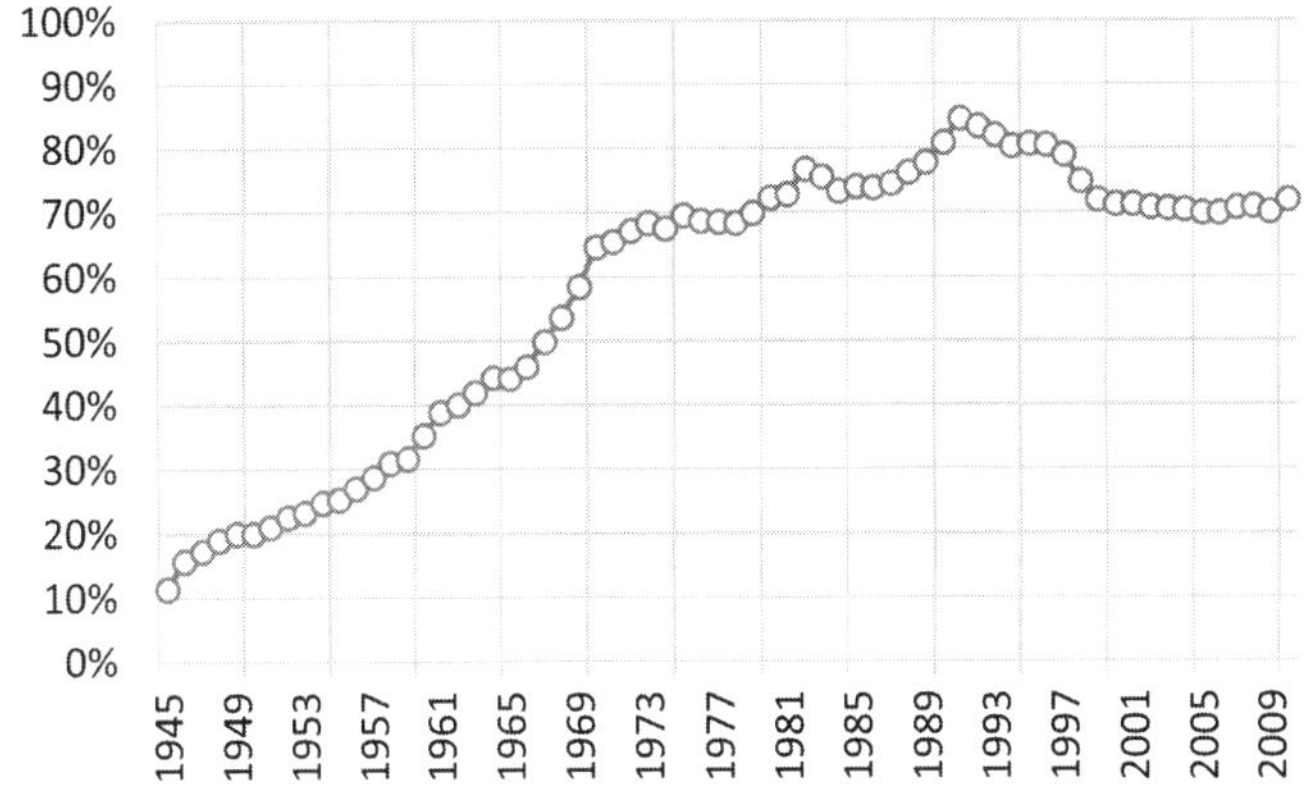

資料：マディソン・データをFA研究所が再編加工

日本人一人当たりＧＤＰの対アメリカ比率推移

こぞって導入を開始し、効果を挙げ始めたのです。

高度経済成長の第1世代

そして、1954年から神武景気、岩戸景気、オリンピック景気が続きます。いわゆる高度経済成長の時代です。

1955年の経済水準は、戦前の最高水準であった1940年の数値を更新し、1956年の経済白書では「もはや戦後ではない」と戦後復興の完了が宣言されました。さらに同年、国際連合に加盟し、国際社会の一員としての地位につきました。

この頃から、「三種の神器（白黒テレビ、冷蔵庫、洗濯機）」という言葉が流行し、経済成長の影響は国民一人ひとりに及び好景気を実感するようになり、一気に消費拡大の時代に突入していくのです。

そして、1958年には東京タワーが竣工し、関門トンネルが開通しました。同じ年に、「スバル360」（富士重工）、「ファンタ」（コカ・コーラ）、「チキンラーメン」（日清食品）が発売され、大ヒットしました。長嶋茂雄氏が読売ジャイアンツでデビューしたのもこの年です。

1959年には王貞治氏も加わりプロ野球がさらに盛り上がり、オリンピックが東京で開催されることも決定するのです。「ブルーバード」（日産自動車）、「エルフ」（いすゞ自動車）が発売され、これまたヒットしていくのです。そして、当時国務大臣であった池田勇人氏の「月給二倍論」（後の国民所得倍増計画）もこの年に提唱されました。

こうなると世の中の勢いはそう簡単には止まりません。GDPが毎年15～20％で推移する[17]ということは、それだけ生産体制も増やしていかなければなりません。企業にとって、経営環境は一気に変わった時代なのです。

一つひとつ生産する時代ではなく、量産する時代となりました。量産に対応できるような管理システムが経営上必要となり、品質管理と原価管理が活発になっていったのです。

生産管理は、数値化され個々の責任者が管理するようになり、改善や改良も職場のサークル活動の中で行わせるような仕組みが好まれました。その結果、ビジネスは効率重

年	1958	1959	1960	1961	1962
名目GDP	11.5兆円	13.2兆円	16.0兆円	19.3兆円	21.9兆円
対前年成長率	6.3%	14.3%	21.4%	20.8%	13.5%

資料：内閣府「国民経済計算」をFA研究所が再編加工

岩戸景気の前後の名目GDPと年成長率

視でどんどん発展していきました。

この頃の経営力は、過去の分析や現場の管理より、時代の変化を先取りし、時代を動かしていくほどの挑戦力が求められていました。生き残ると言うよりも、多少のリスクを犯してでも、いち早く時代の変化に適合した商品を出していくことだったのです。

国民所得倍増計画の第1世代

このような時代背景の中、経済政策も大胆に出されました。1960年11月に成立した池田内閣が、翌12月に閣議決定したのが「国民所得倍増計画」です。翌1961年1月からスタートし、10年間で名目GDPを、倍の26兆円にするという長期経済計画です。

1960年といえば、新しい日米安全保障条約（新安保条約）が締結された年でもあります。アメリカ軍が日本に駐留することで国土の防衛を任せ、防衛費を最小限に抑えることで経済政策へ集中させる環境が整っていた時代でした。

政策の効果なのか時代の流れなのかは定かではありませんが、順調に国民所得は増えていきました。当初の計画であった26兆円は、約6年で達成し、10年後には4倍を超える62兆円になりました。

経営環境は更に変化していきました。1964年の東京オリンピックに向けて、一気に経済が活性化していった時代です。東海道新幹線、首都高速道路、国立競技場、日本武道館などがオリンピックの開催に間に合わせるように進められていきました。そして、カラーテレビ、クーラー、自動車が「新三種の神器」と呼ばれ、こぞって所有するような時代となりました。これが「オリンピック景気」です。

この時代を象徴するような映画が流行りました。1962年に封切られた『ニッポン無責任時代』『ニッポン無責任野郎』、そして1963年から始まる『日本一の男』シリーズです。これは、コメディー映画ですが、展開が早くスピード感があり、植木等氏の演じる主人公のエネルギッシュで痛快な行動は、その時代で頑張っているサラリーマンにとって、実にピッタリ、ハマる作品だったのでしょう。

使われているフレーズは、「ホラ」だとか「無責任」だとかです。そして、「調子よく」「らくして儲ける」「コツコツやる奴ぁ、ご苦労さん」とまであります。

こういうフレーズを使っている映画が、流行るということはその当時のサラリーマンが、いかにまじめにコツコツ働いていたか、そして、出世、地位、名誉などの欲望がいかにあったのかということが想像できます。

表面だけを見ていると、単なるコメディー映画かもしれませんが、このシリーズを通して一貫しているのは、「自信と行動」です。そして、成功するまで努力するということです。

主人公の「俺には取り柄はないが、超馬力がある」「もっとでかいことが、なぜできぬ」などのセリフを聞き、痛快に成功していく様を見て、日々の鬱積を晴らし、自信と行動がみなぎったサラリーマンは、さぞ多かったことでしょう。

実際、所得は倍増していったわけですから、映画の中のことではなかったかもしれません。1964年には予定どおり東京オリンピックが開催され、1968年には西ドイツを抜いてGDP世界第2位となり、1970年には万国博覧会が大阪で開催され、1972年には沖縄が返還されました。

この頃は、全てが手に入っていく感覚だったのではないでしょうか。景気上昇が止まる雰囲気がなく、経営環境はますます追い風になっていきました。とにかく、大きな帆を揚げてできるだけ前に進むための経営が行われたのです。

オイルショックの第1世代

ところが、1973年10月の「オイルショック」がこの景気に水を差します。石油輸出国機構（OPEC）が、1バレル3・01ドルだった石油公示価格を、2か月半で11・65ドル（3・87倍）に引き上げたことがきっかけです。

1962年に「原油の輸入自由化」をきっかけに、エネルギー資源を石炭中心から石油中心に切り替え、石油化学製品が普及し始めていた矢先でした。

多くの原油を必要とする企業は、原油価格が上がる前に多量に買い占めようとし、消費者は、石油化学製品が軒並み高騰すると、トイレットペーパーや化学繊維製品、洗剤や砂糖まで、買いだめに走りました。騒ぎに紛れて、便乗値上げ、物不足とインフレを煽る業者も現れて、日用品はほとんど全て買いだめの対象となりました。

急遽閣議決定された「総需要抑制策」により、石油と電力の20％削減と資源節約を要請しましたが効果なく、9％に引き上げた公定歩合もむなしく、一気にインフレーションとなります。1974年の物価上昇率は、実に23％となり「狂乱物価」と呼ばれました。

これにより、高度経済成長は終焉したと言われ、経営力も第1世代から第2世代に移っていくことになるのです。

勝ちと競争に応える経営力の第1世代

このように見てくると、この頃の環境は、「ナンバーワン」を求める時代とも言えます。一番強い、一番速い、一番高い、一番大きい、一番長いなど、何でも一番を目指す思考がありました。勝ち負けの意識が強く、勝つことにモチベーションを感じ、企業も人々も、そこに投資と努力を集中しようとしてきた時代です。

だから、競争に参加し、勝ちを目指す時代に相応《ふさわ》しい経営力が求められたのです。その最大の要点は、速度です。誰よりも、どこよりも、速度を出せる経営力が求められた時代です。

もちろん、経営に速度が必要なのは、古今東西、どの世でも変わりません。今の時代でも速度は必要です。経営というものは、先手必勝であり、先行優位になるものです。チャンスを逃さず、電光石火の如く、一気呵成に行動すべきです。

ただ、この時代に必要な速度は、ずば抜けて速い速度です。巧遅拙速の精神で、一心不乱に行動するものです。

情報を重視した第2世代の経営力（1973〜1997年）

第2世代は「仕組み」の世代です。全体的に見て、この時代は情報を重視した時代と言えます。それまでの多量生産の時代から、効率生産、ムダ・ムリ・ムラの排除を強化するようになってきました。省エネ・省資源を意識し始め、経営の合理化が図られるようになっていきます。

消費思考も、ＧＤＰの成長率が５％前後で推移する時代ですから、賢く消費するようになってきた時代と言ってもいいかもしれません。

団塊の世代が、20歳後半～50歳を過ごす時代です。多くの人材が業務の中心として活躍する時代でもあります。企業は、この人材をうまく管理して、うまく活用して、効率よくより高みを目指していく時代なのです。

一億総中流の第２世代

１９７０年に日本の人口は1億人を超え、その後、失業者の生活の安定を図る雇用保険（１９７４年）や、労働者の雇用の安定を図る終身雇用（整理解雇の四要件、１９７９年）などが確立していきました。将来にわたって、安心できる状況が整っていった時代でもあります。

高度な経済成長は終わったとはいえ、まだまだ欲しいモノが手に入り、やりたいコトができる時代です。将来的にも安定した経済成長が見込まれ、未来に対する不安もなくなってくる時代です。

その結果、国民の生活水準の意識は、「中流」が９割を占め、１９７９年の『国民生活白書』で「中流意識が定着した」と評価されました。ここに「一億総中流」の時代となるのです。

消費者の経済的な信用は高まり、ローンも組みやすくなり、貯蓄も意識し始めました。無駄な出費をせず、賢く支出するようになっていくのです。そして、マイホームやマイカーなど、高額な買い物も、出来るようになっていくのです。

例えば、カラーテレビの世帯普及率の推移を見てみましょう。1963年に90％以上普及していた白黒テレビに替わって、カラーテレビが一気に普及する時代です。1968年はまだ5％まででしたが、1975年には90％を超えました[17]。

カラーテレビの普及により、カラー放送は充実していき、ますますカラーテレビが新しい娯楽の道具になっていったのです。

昼過ぎには、ひと通り家事を終えた主婦のために、夕方には、学校から帰って宿題を終えた子どもたちのために、夜には、仕事を終えて自宅に帰り団らんするサラリーマンのために、大活躍するのです。

お盆の休みには、「全国高等学校野球選手権大会」を観戦し、年末の休みには、「NHK紅白歌合戦」を観賞するのです。カラーテレビによって、新しい生活様式が生まれました。

実際、1973年にキャンディーズ、1976年にピンクレディー、1978年にサザンオールスターズがデビューしました。歌謡曲が人々の気持ちに入り込んでいきました。1979年から「ザ・ベストテン」が始まりました。1972年に「太陽にほえろ！」、1975年に「Gメン'75」、1976年に「徹子の部屋」が放映を開始しました。

人々は、豊富なコンテンツを無料で手に入れることができました。チャンネル一つで選択可能なので、ますます、テレビに釘付けになっていきます。

このような時代、企業は番組スポンサーになったり、コマーシャルメッセージ（CM）を出したりして、消費者との接点にテレビを利用するようになります。新たな広告媒体の登場となるわけです。

そうなると視聴率は、番組制作側からする

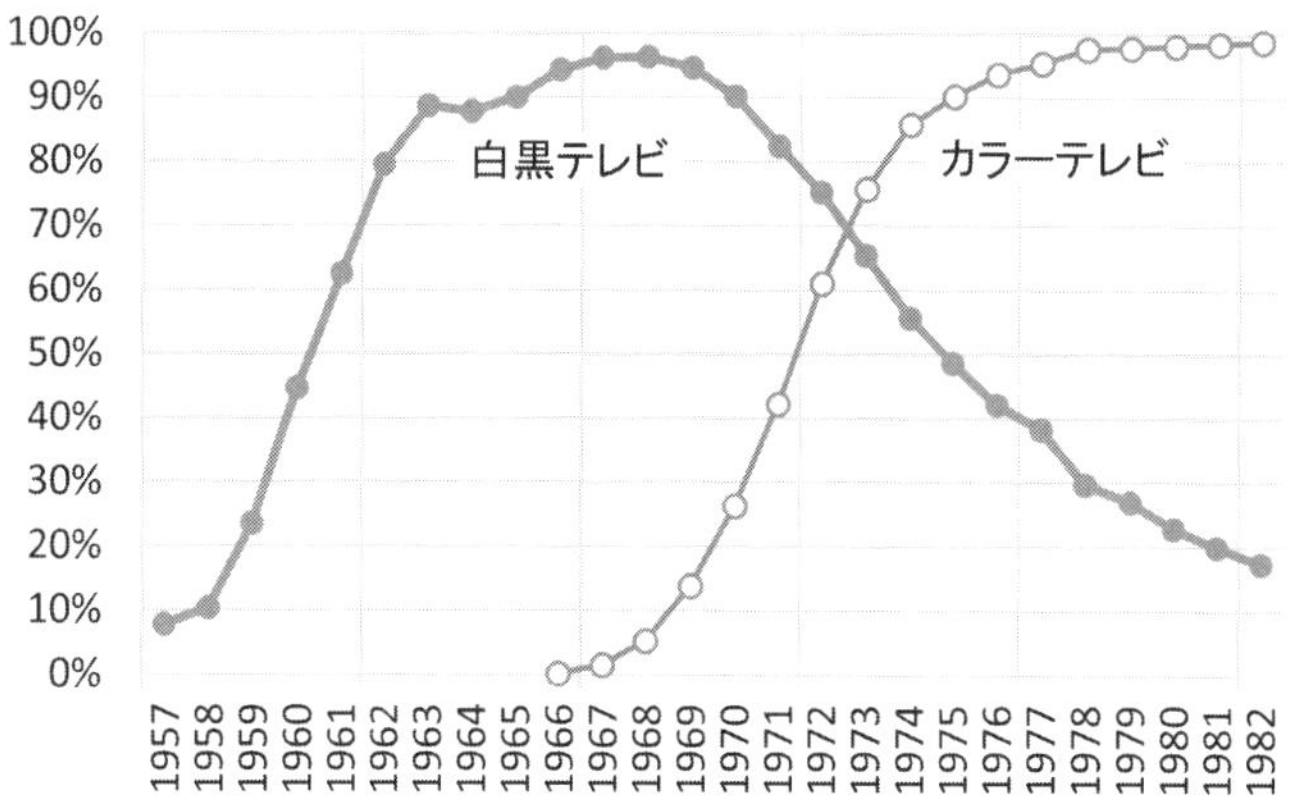

資料：内閣府資料をFA研究所が再編加工

テレビの世帯普及率の推移

と、ビジネス上重要なデータとなっていきます。そこで、1977年にはそれまで紙方式による記録集計が、通信方式に置き換わり、翌日に視聴率が分かるようになるのです。その結果、ますます視聴率を競う時代となり、さらにコンテンツが充実していくのです。

こうして、1億総中流の人々、とりわけ団塊の世代の人々は、話題や流行りに敏感になり、次々と消費していくようになりました。

日本の技術が世界に向かった第2世代

第1世代のような勢いがなくなったこの時代は、さまざまなテクニックが開発され、活用するようになった時代です。勢いがある間は、仕掛けていけば何でも売れていましたが、勢いがなくなると仕組みをつくっていかなければ、成長できなくなります。

そうすると企業は、設備投資に力を注ぐ資本集約型の経営から、技術開発や製品開発に力を注ぐ知識集約型の経営にシフトしていきます。

オイルショックを経験した市場は、全ての活動で、省エネや省資源が意識され、低エネルギー商品や低公害商品が評価されるようになってきます。投資と回収を意識し、ライフ・サイクル・コストで判断するようになっていきます。

各企業が開発する技術は、海外の市場でも評価され、特に、自動車業界の商品は、メイド・イン・ジャパンとして地位を築いていくのです。

１９７０年に５３０万台であった日本の年間自動車生産台数は、10年後の１９８０年には１１００万台となり、アメリカを抜いて世界１位の自動車生産国となるのです[19]。日本の自動車は、全世界市場の28・３％を占有するようになりました。

自動車大国のアメリカのビック３（ＧＭ、フォード、クライスラー）の１９８０年の税引後純益はすべてマイナス（ＧＭ：▲７・６億ドル、フォード：▲15・４億ドル、クライスラー：▲17・１億ドル）となりました。このことにより、日米貿易摩擦が厳しくなってきます。

家電も同様で、１９７０年代の省エネ化、

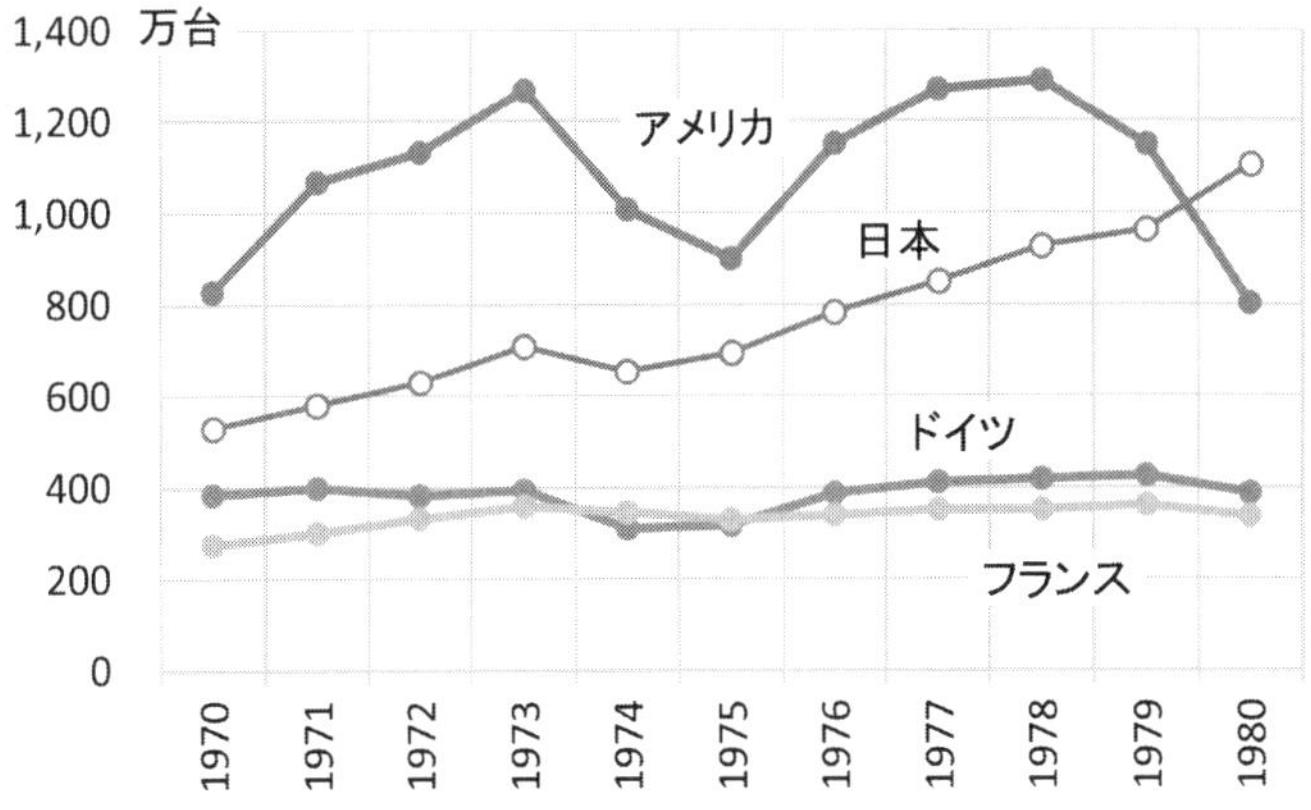

資料：日本自動車工業会資料をFA研究所が再編加工

主要4カ国自動車生産台数の推移

1980年代の小型化、軽量化、薄型化、多機能化により、世界でも高く評価されるようになっていきます。

「ビデオ戦争」とまで言われた家庭用ビデオテープの規格分裂もこの時代です。1975年に「ベータマックス」（ソニー）が、1976年に「VHS」（日本ビクター）が出されます。結局、松下電機産業がVHS式を採用し、1977年に発売した「マックロード」が大ヒットしました。その後、VHSは米国市場向けに2倍速（LP）、3倍速（EP）技術が開発されていきました。

この規格分裂はまだ続き、そのステージはビデオカメラ市場に移ります。1983年に「ベータムービー」（ソニー）が、1984年にVHS—Cムービー「GRC1」（日本ビクター）が、1989年に「ハンディカム」（ソニー）が発売されていきます。

一方で、1979年に発売された「ウォークマン」（ソニー）は、初めはある程度の大きさでしたが、伸縮ケース、超扁平薄型モーター、ガム型充電式電池などを次々開発し、1987年にはカセットケースサイズを下回る商品が発売されました。

この規格争いの中で、小型化、軽量化、多機能化の技術は躍進し、気がつけば世界に誇るメイド・イン・ジャパンが出来上がり、「ハイテク景気」となるのです。

技術が向上したのは、家電だけではありません。経営技術も向上しました。特に、マイクロエレクトロニクス（ＭＥ）技術の導入は、経営管理を大きく変えました。オフィス・オートメーション（ＯＡ）化です。

１９７２年にリコーが、トナーを使った乾式普通紙複写機（ＰＰＣ）の1号機を発売しました。その後の技術開発を経て、１９７５年に発売した「ニューリコピー」はベストセラーとなりました。そして、ファクシミリも同時に開発し、１９７７年に業界で初めてＯＡを提唱したのです[20]。

また、ワードプロセッサも業務を変えました。１９７８年に東芝が「ＪＷ10」を、１９７９年にシャープが「書院」を、１９８０年に富士通が「ＯＡＳＹＳ」を、１９８１年にＮＥＣが「文豪」を発売しました。

各企業は、業務の効率化を目指し、コピー機、ファクシミリ機、ワードプロセッサ機を導入し、情報やデータの加工、複製、伝達、保存とさまざまに活用していくようになりました。効率よく業務を実行、管理し、経営に負担をかけない「減量経営」はこういうところにも表れていくのです。

日米貿易摩擦の第２世代

日本の技術が世界に認められ、日本商品のアメリカへの輸出が増大すると、アメリカの国内経済を圧迫するようになります。日米貿易摩擦はそれまでさまざまな対策が取られていましたが、1985年9月、ついに「プラザ合意」により円高を強いられました。

そして、翌年の1986年4月には、「前川リポート」[21]が纏《まと》められ、内需拡大、市場開放、金融自由化が経済政策の柱となっていきます。結果として、1ドル237円から122円に一気に円高になりました。

内需拡大の動きは、1987年に策定された「第四次全国総合開発計画」でも見られます。この計画では、東京一極集中を避けるために、2000年までに「多極分散型国土」を形成する目標が掲げられました。そして、高規格幹線道路（高速道路）の総延長は1万4000kmとされ、空港、港湾、新幹線の整備が盛り込まれました。

さらに、1990年には、「日米構造協議」により、アメリカから「輸出につながる産業分野への投資より、公共分野に投資するほうが賢明」であると指摘され、日本に対しGNPの10％を公共事業に配分することを要求されました。

日本はこれを受けて、最終的に10年間で総額630兆円の公共投資をする基本計画を策定しました。それが、「公共投資基本計画」です。

こうして日本の経済力は、ますます内需に向けられ、全国各地で開発が行われるようになりました。

　こういう国際的、政治的な動向は、企業に大きく影響を与えます。過去のデータは役に立たず、最新の情報を入手し、しっかりとした守りの経営が必要となるのです。この頃から、大企業を中心に、リスクマネジメントが導入され始めます。不確実な状況を予め想定し、事前に対処方法を決め、コンティンジェンシー・プランを定めておくものです。これも、生き残るための環境適合なのです。

ゆとりと豊かさの追求の第２世代

　第1世代では「追いつけ、追い越せ」で頑張ってきましたが、追い越してしまった第2世代では、誰しもがある程度の生活ができ、将来にわたって不安がなくなってくるのです。

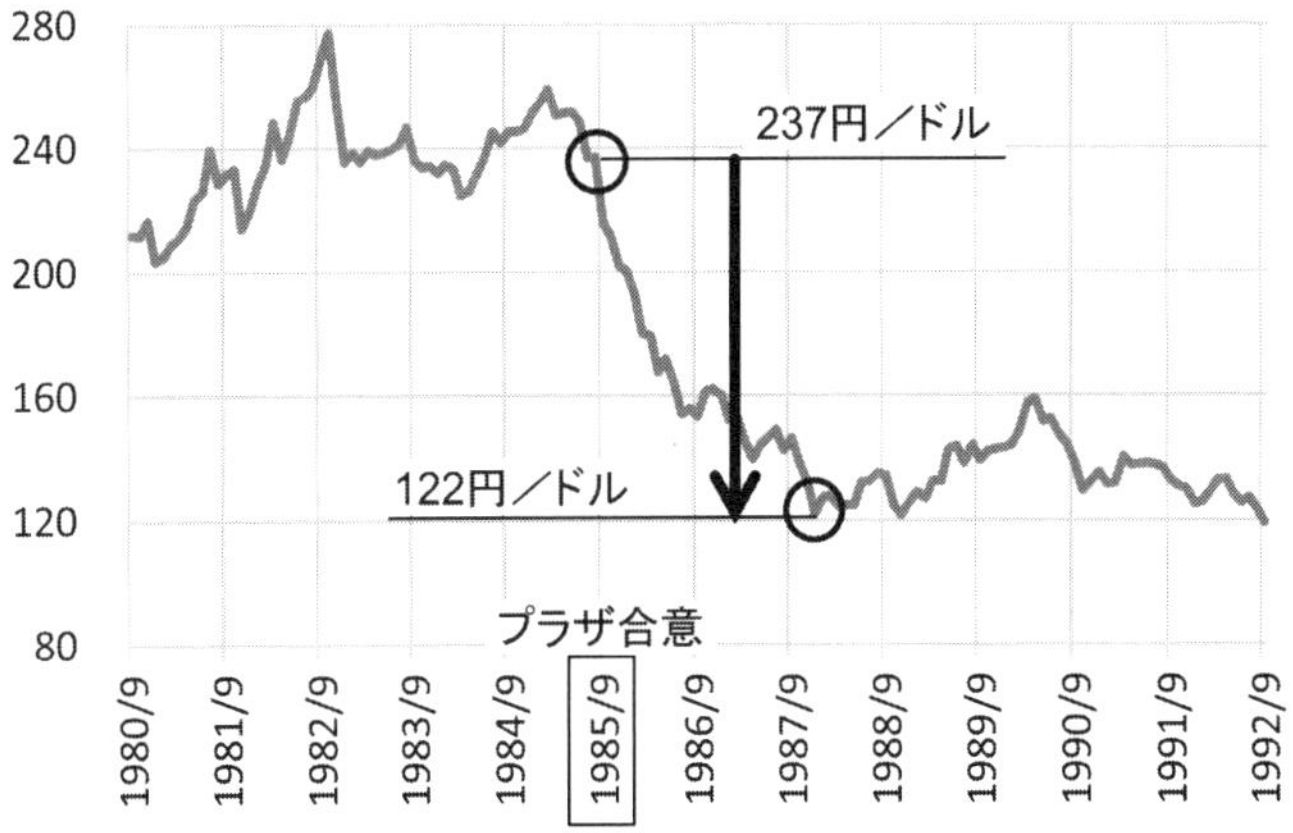

資料：日本銀行資料をFA研究所が再編加工

「プラザ合意」前後のドル円相場の推移

そうすると、「ゆとりと豊かさ」を求めるようになります。人々は、単なる「量的な満足を得る」だけではなく、「質的な満足を得る」ことを求め始めます。

人々は、テレビや雑誌などから、たくさんの情報を得られるようになりました。実際、この時代は、雑誌の出版点数が伸びた時代でもあります。

１９７３年に２７００点だったのが、１９９６年には４３５０点と１６１％の伸びを示しました。

流行りに敏感になった人々は、世の中から遅れまいと世間の動向、新製品の情報を求めるようになります。自分の主観的な考えよりも、他人の客観的な意見に流されるようになっていきます。質的な満足を維持するため

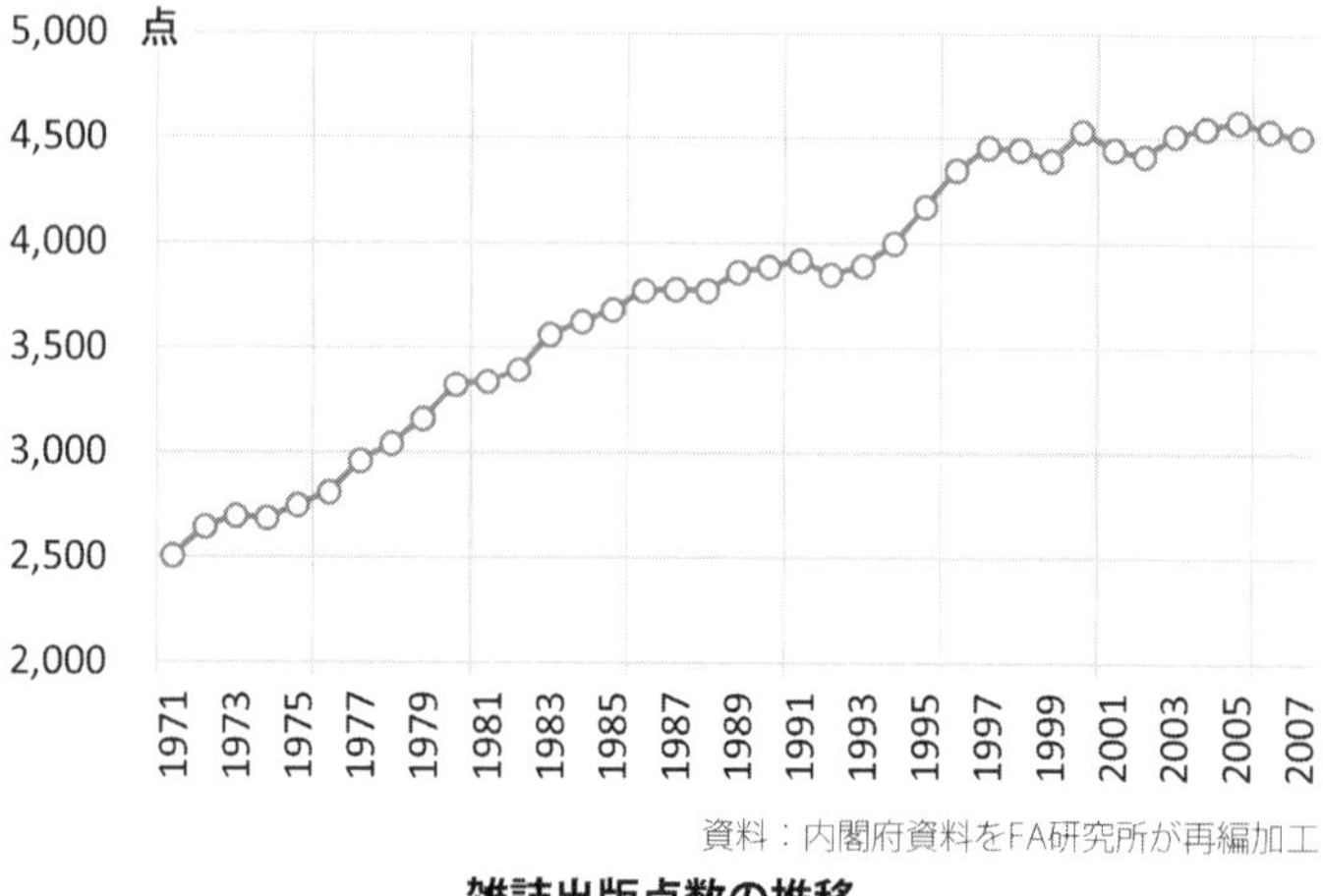

資料：内閣府資料をFA研究所が再編加工

雑誌出版点数の推移

に、日常の持ち物やファッションの買い替え周期が早くなってくるのです。

次に、レジャー産業が充実していきます。団塊世代が親の家庭は、団塊ジュニアとともに家族旅行に出かけます。家族揃って旅行やレジャーに出かけることは、ゆとりと豊かさを実感できるイベントなのです。

企業でも、慰安旅行は花盛りで、会社単位や部内単位で企画されます。多くの場合、温泉地が候補地となり、バスに揺られて温泉に浸かって、宴会してカラオケをする典型的な慰安旅行が一般化されていきます。

多様な生活と経済活動の第２世代

ゆとりと豊かさの追究の結果、ライフスタイルの多様性が生じます。それぞれが自分の価値観を持ち、人と同じ行動よりも、異なった行動を選択する人たちが増えてきます。その人たちのための新たなサービスも生まれ、多様な商品とサービスが溢れていきます。

こういう時代では、大量生産はふさわしくなく、商品のライフサイクルはどんどん短くなっていきます。中小企業庁の『中小企業白書』に、ヒット商品のライフサイクルに関する資料が掲載されています[22]。それによると、５年以上ヒットする商品はほぼなくなっ

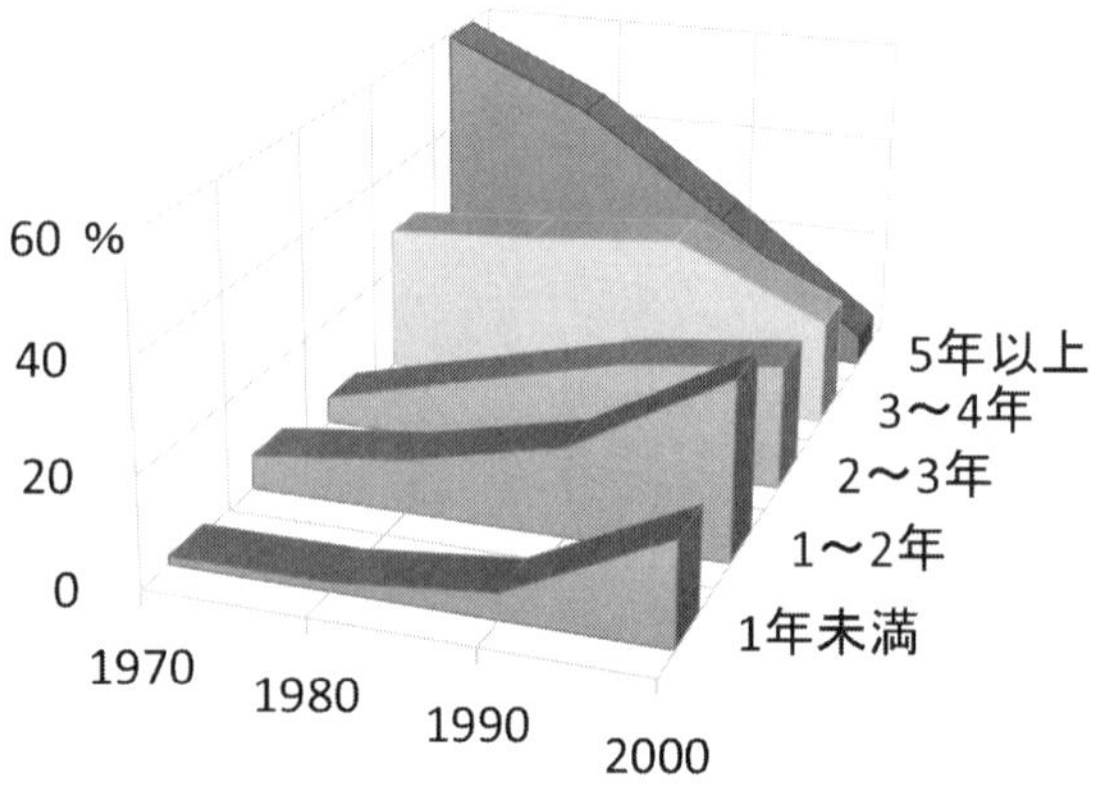

資料：内閣府資料をFA研究所が再編加工

ヒット商品のライフサイクルの年代別推移

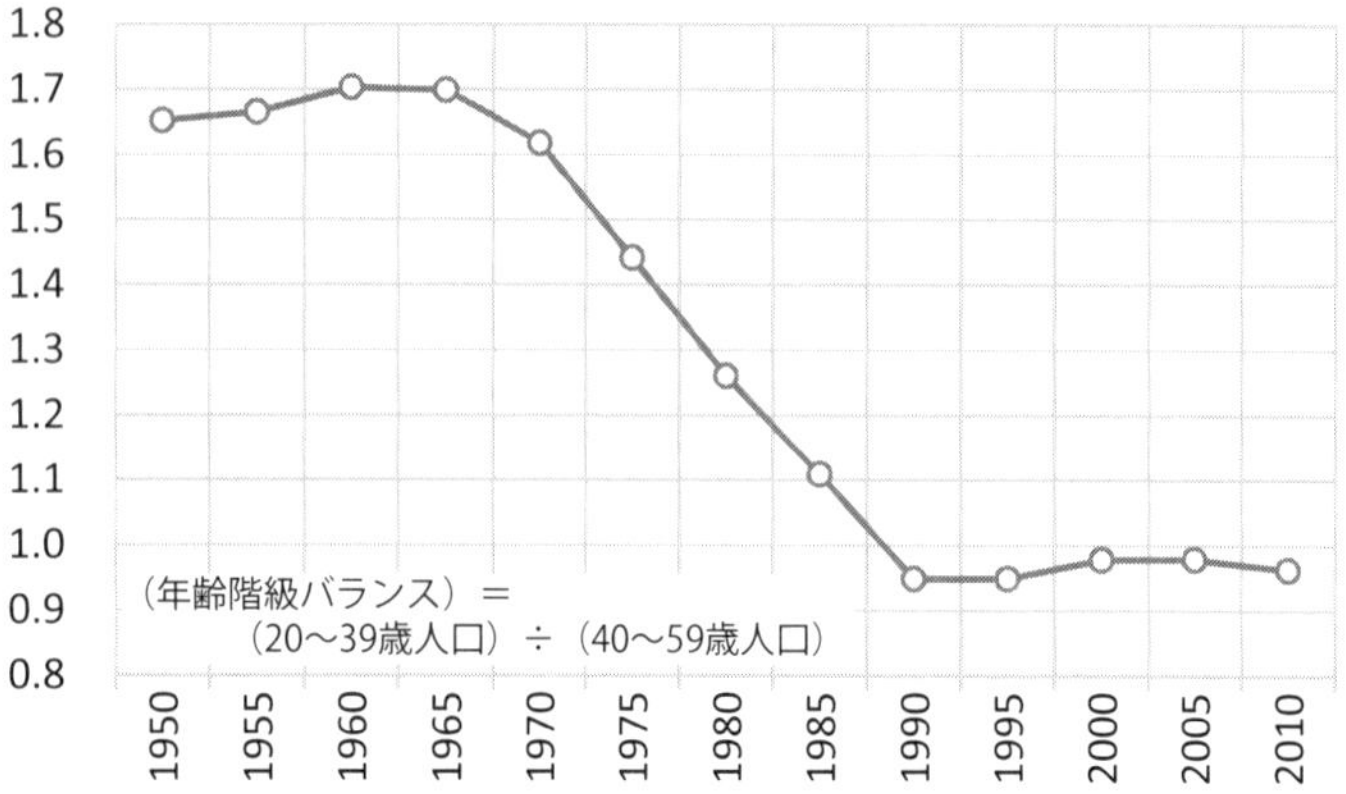

資料：総務省統計局資料をFA研究所が再編加工

年齢階級バランスの推移

ていき、逆に2年以内の寿命しかないヒット商品が増えてくるのです。

企業は、マーケット戦略と連動した商品開発戦略の仕組みが必要となり、開発された商品は素早く販売戦略に乗せて、消費者に届けなくてはならなくなりました。

まさに、仕組みをつくっていかないとさばけない時代です。第1世代のように、仕掛けだけでは、生き残ることが困難な時代です。

1987年、団塊の世代は40歳前後となり、そろそろ管理職になる頃です。しかし、管理職ポストが足りないという現象が各企業で発生します。企業は、組織を細分化し管理職のポストを増やしますがそれでも足りなくなります。

それは、日本の人口のうち、20〜39歳と40〜59歳の階級で集計し、そのバランスを見てみると顕著な傾向が見えてきます。1990年には、40〜59歳の人口のほうが多くなるということです。この傾向は、1975年あたりから始まってきたものですが、企業内の人材活用、組織戦略を変えなければならないことを意味しています。

つまり、この時代は多様化がすすみ、管理システムをしっかりと構築できる経営力が求められると言えます。

バブル経済の第2世代

１９８５年の「プラザ合意」の対策としてとった公定歩合の引き下げは、企業にとって投資のチャンスとなりました。銀行からの融資も受けやすくなり、新規事業への投資だけでなく、不動産や株式へ投資する「財テク」が流行るようになります。

投資の対象となった株や土地は高騰し、資産価値を高めます。その資産で再び新たな投資ができるようになります。実体のない経済は「金融経済」と呼ばれ、やがてバブル経済へと発展していくのです。それが「バブル景気」です。

バブル景気の始まる１９８６年の日本のＧＤＰは名目で３４０兆円でした。５年後の１９９１年には、４７０兆円まで膨らみます。５年で１３８％（複利で６・６％相当）ですからこのままいくと、２０００年には７００兆円になろうかと言われていました。

そのムードの中、バブル崩壊が始まります。

崩壊の原因は、日銀の金融引き締め政策だと言われています。バブル経済を正常化しようと公定歩合を引き上げたことにより、投資物件の現金化、つまり株や不動産を売却する流れとなり、暴落したと言われています。

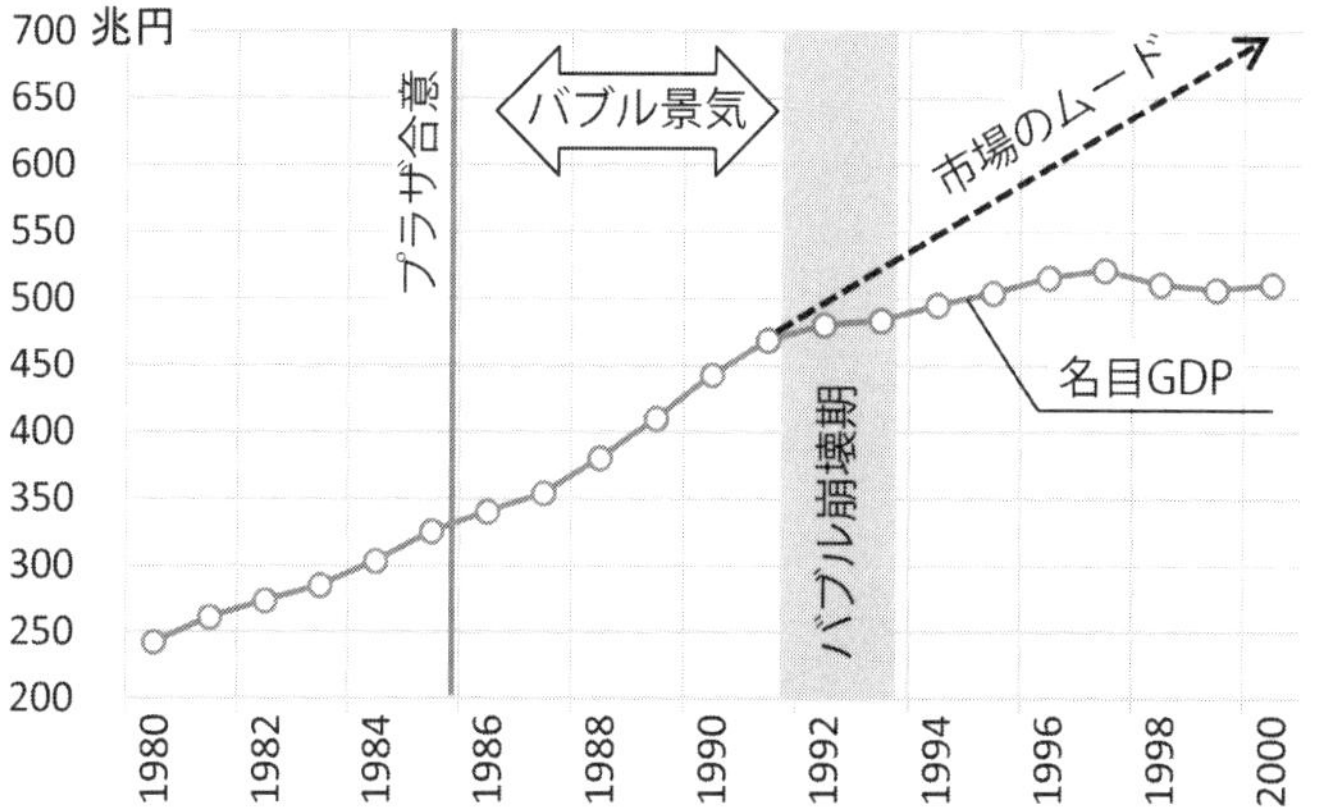

資料：内閣府「国民経済計算」をFA研究所が再編加工

日本の名目ＧＤＰの推移

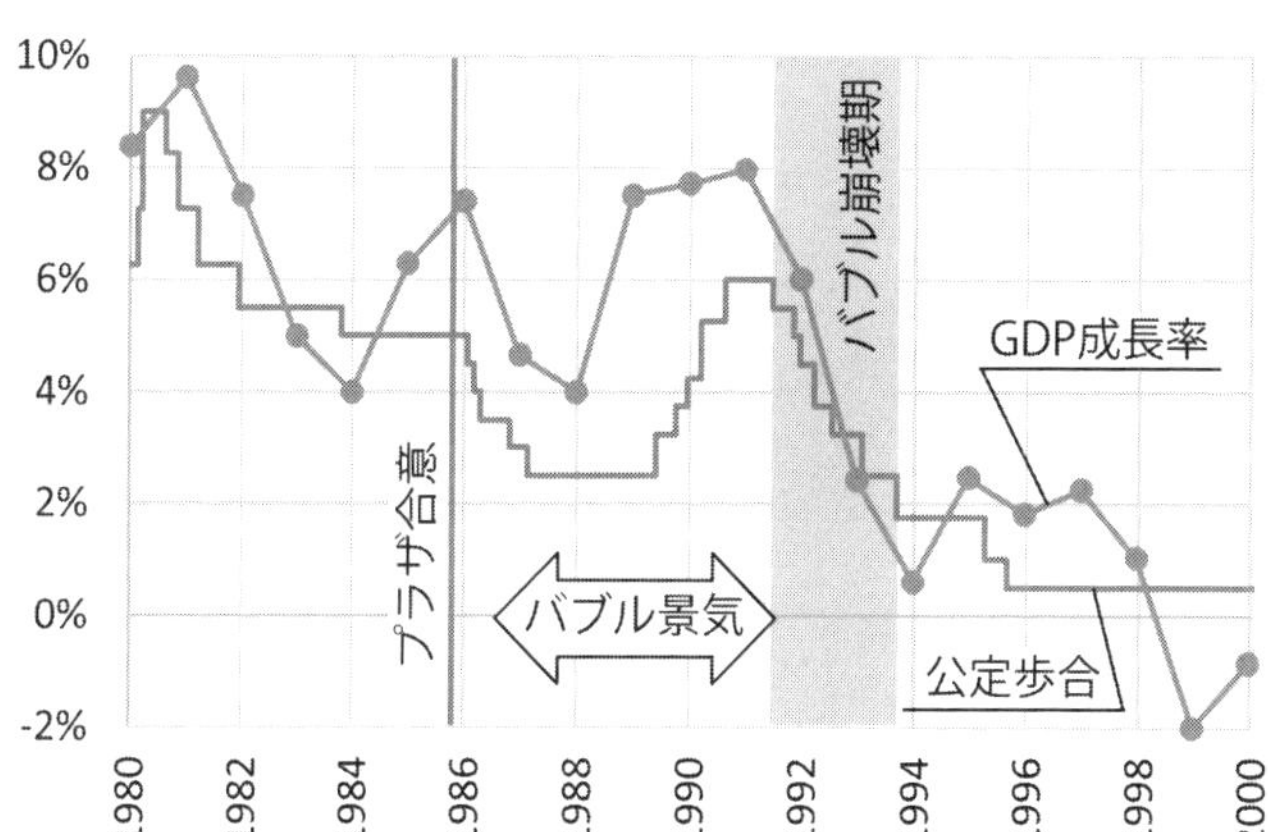

資料：日本銀行資料と内閣府「国民経済計算」をFA研究所が再編加工

日本の公定歩合と名目ＧＤＰ成長率の推移

こういう時代の経営力は、本業とは異なる経営力が必要となります。名目GDP成長率が公定歩合を1~2%上回っているのですから、内部留保を銀行に預けておくよりも投資したほうが得策となるわけです。なにもしないでコツコツ本業に集中するのもいいですが、思い切って借金して大きく投資するチャンスかもしれません。

しかし、投資する新規事業がすぐに見つからないからと、流行りの株や土地にむやみに投資するのもリスクです。暴落時に本業に影響を与える損失が出てしまうからです。

事実、1991年の倒産企業の負債総額は、8・1兆円を超えました。戦後、最高記録だった1985年の4.2兆円の約2倍の規模になったのです[23]。

チャンスにしてもリスクにしても、やはり情報は重要です。社内の情報、業務の情報、市場の情報、政治・国際関連の情報など、とにかく情報を集めて判断していかなければならない時代だったのです。

情報と拡大に応える経営力の第2世代

このように見てくると、この頃の環境は、「拡散」を求める時代とも言えます。ある程度満足のいく生活水準に達した人々は、あちらこちらから情報を集め、四方八方に進み始めます。その行動範囲は拡がり、予測がつかなくなる時代です。

だから、情報をうまく活用し、人々の要求の拡大とビジネスの拡大をうまく制御していく経営が求められた時代です。そのため、目的管理、成果管理、時間管理の仕組みをつくり、権限と責任を分散、移譲し、効率よく回していく経営が求められた時代です。

もちろん、情報はどの時代でも重要ですし、事業の拡大はいつの世でも必要です。管理をおろそかにして安定的に成長、拡大できる企業はありません。

ただ、この時代に必要なのは、今までになかった変化に適合させるための拡大です。海に上がった生物が、濃い濃度の酸素を取り入れる肺を手に入れ、一気に身体のサイズを拡大させるような行動です。

切り替えを重視した第3世代の経営力（1997年〜）

第3世代は、「見極め」の時代です。全体的に見て、この時代は切り替えを重視しなければならない時代と言えます。海から陸に上がるくらいの進化が必要です。

団塊の世代は50歳を超え、これまでの経験と知識は次の世代へと引き継がれていきます。

バブル崩壊による不良債権を抱えたまま企業は思うような投資ができず、新卒採用を先送

ることで新たな労働力が得られない時代です。

「失われた10年」と呼ばれる経済低迷の中で、いかに切り替えていくかです。切り替えるために必要なのが「見極め」です。見極めは今の時代とても重要であり、私が企業でお伝えしているファンクショナル・アプローチは、まさに見極めるための思考システムなのです。

インターネットの第3世代

私たちにとって情報が重要になってきた時に登場したのが、インターネットです。もともと通信技術はありましたが、一般にビジネスに活用されるようになったのは、1995年からだと言われています。

もともとは、米国国防省が1960年代に開発を始めた軍事利用のための通信技術でしたが、1989年の「マルタ会談」で冷戦が終結し、その技術は商業利用へと置き換えられていきます。そしてついに、1995年に商業利用制限が完全撤廃され、その技術は民間企業の開発の力を借りて、一気に普及するのです。

インターネットへの接続を提供するビジネスが生まれました。それが、インターネット・サービス・プロバイダ（ISP）です。1992年に「ニフティサーブ」が、

１９９4年に「ＡＳＡＨＩネット」が、１９９6年に「ＯＣＮ」がそれぞれサービスを開始しました。

それにより、職場でのインターネット普及率は、１９９8年で63・8％、２０００年で89・3％、２００2年で96・3％、ほぼ全ての職場に普及しました。

さらに、職場にパソコンが並び、ワープロソフト、表計算ソフトも活用され始めます。

こうして、情報収集、情報整理、事務作業の手段の交代が行われていくのです。

同じ時期に携帯電話が普及します。１９９1年にＮＴＴから「ｍｏｖａ」が登場していましたが、１９９4年に携帯電話の売り切り制（それまではレンタル制）が開始され、携帯電話の激安合戦とともに、加入者が一気に増えました。

携帯電話の契約数は、１９９6年にポケットベル（無線呼び出し）の契約数を抜きました。１９９9年にはＮＴＴの「ｉモード」がインターネットへの接続を始めると、２０００年には加入電話の契約数までも抜いていくことになりました。

こうして通信手段、連絡手段が交代していきました。

第3世代は、第2世代で出来上がった仕組みを次々と変えていきます。過去の手段を手放して、新しい手段に切り替え、乗り換えていく時代です。うまく切り替えられる企業が生き残っていく時代なのです。

もちろん、古いやり方が悪いわけではありません。切り替えなくても生き残ることも可能です。周りが切り替えるからと、流されるように全てを切り替えるというのもよくありません。

ただ、よく見極めることです。表面的な現象だけにとらわれるのではなく、本質を捉えて、目的を見失わないようにすることです。必要ならば、躊躇せず切り替え、効率よく企業を経営していく必要があるのです。

贅沢から倹約の第3世代

1995年には、関西で「阪神・淡路大震災」が発生し、高速道路の安全神話が崩れ、関東で「地下鉄サリン事件」が発生し、不特定多数を標的とした殺意に不安と恐怖を体験

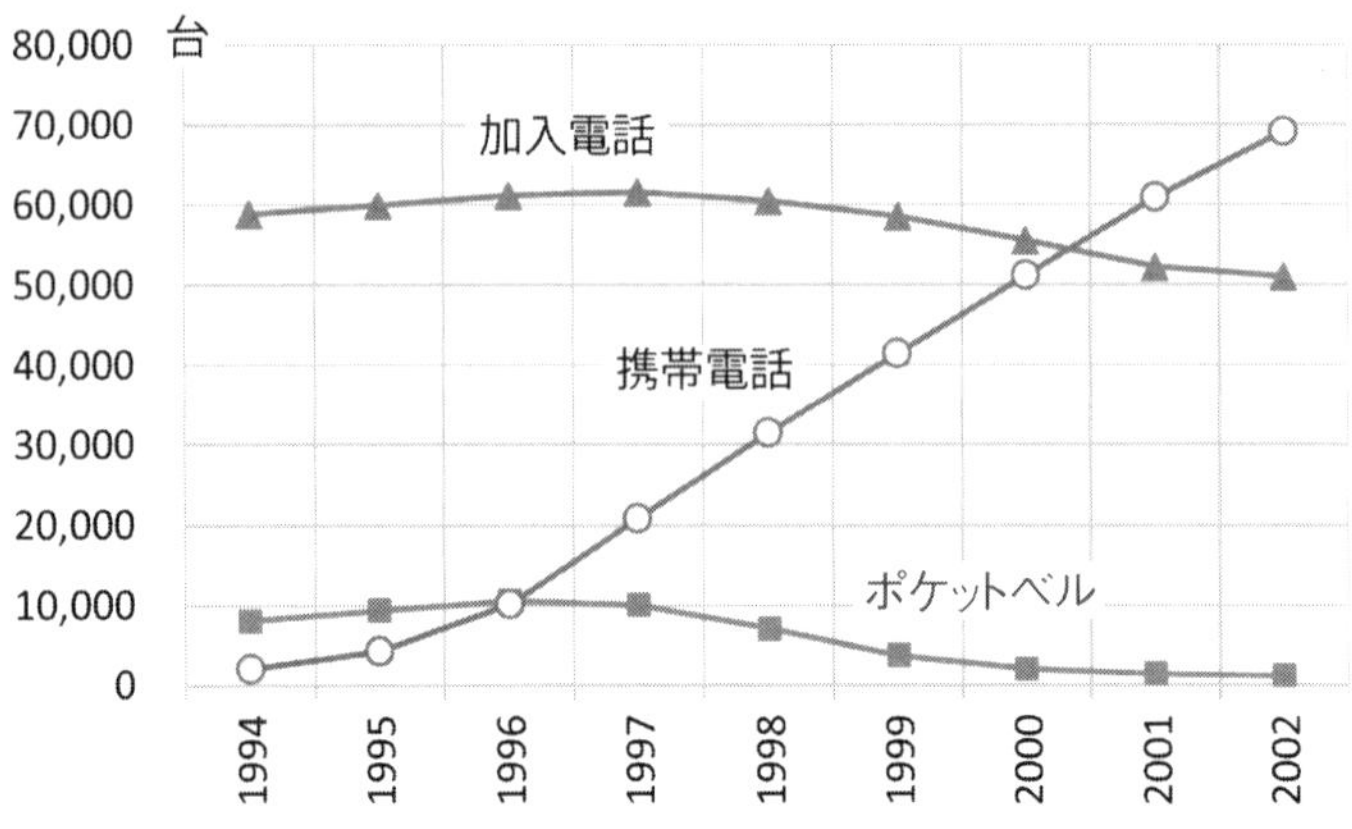

資料：内閣府資料をFA研究所が再編加工

通信機器点数の推移

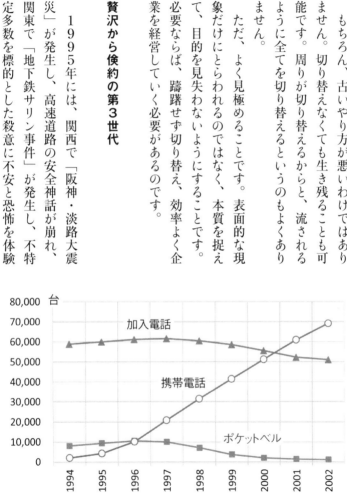

しました。第1世代、第2世代のような勝ち負け、競争、ランキング、贅沢、物欲のムードは落ち着き、倹約し、個性や自分らしさが好まれる時代に入っていきます。

日本の平均給与所得額は、1993年に戦後初めて減少し、その後微増があったものの1997年をピークに下がっていきました。

いくつかの企業は、経営継続のための事業縮小と称して、終身雇用制度から派遣労働制度に切り替えたり、「整理解雇」を「リストラクチャリング（リストラ）」と呼び換えたりして、人員の削減をしていきました。

このような時代では、収入の頭打ちにより消費者の支出傾向は変わっていきます。そして、ブランドや流行に左右されず、安くて実用性のあるモノを選択するようになり、派手

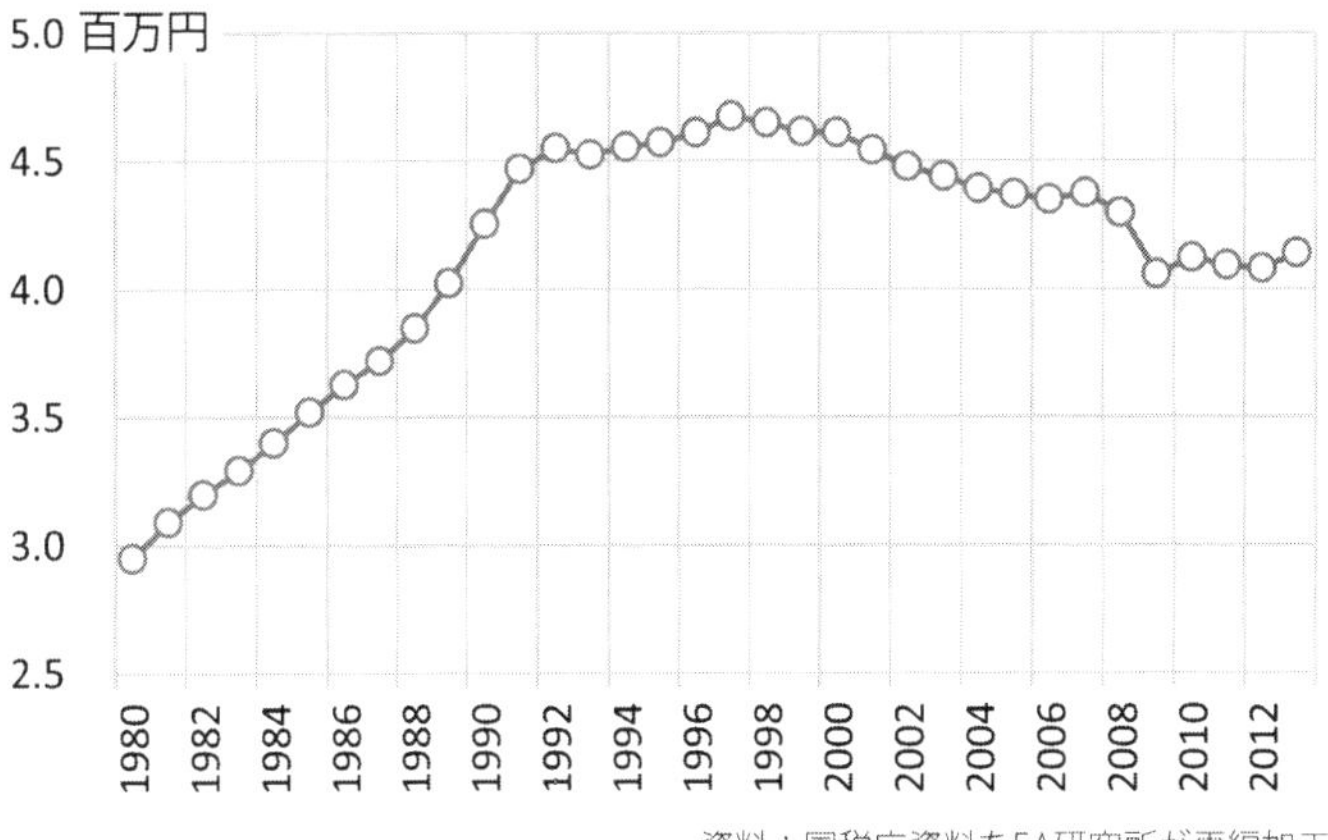

資料：国税庁資料をFA研究所が再編加工

日本の平均給与所得額の推移

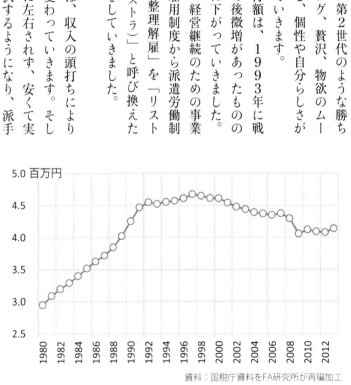

に散財することよりも、むしろ、工夫し、倹約することが美徳という文化が生まれます。

おりしも、1991年に直営1号店をオープンした大創産業の100円均一ショップ「ザ・ダイソー」は、一気にこの時代の消費者の要求を満たし、急成長産業を生み出しました。2015年には、海外を含めて4300店舗で3882億円[24]を売り上げる企業へと成長しました。

金融ビッグバンの第3世代

1995年に兵庫銀行が、銀行として戦後初めて経営破綻します。その後、1996年に太平洋銀行と阪和銀行が、1997年に北海道拓殖銀行、山一證券、京都共栄銀行、徳陽シティ銀行が、1998年には日本長期信用銀行と日本債券信用銀行が破綻しました[25]。銀行破綻が顕在化し、ペイオフ（預金保護）や取り付け騒ぎなど、人々の不安を募らせました。

そこで、日本政府は、1996年に「金融ビッグバン（日本版ビッグバン）」と呼ばれる大規模な金融制度改革を行いました。日本の金融市場を、これまでの「護送船団方式」と呼ばれる銀行などによる金融システムから、外貨が入ってきやすい、世界の金融市場へと切り替えたのです。

企業にとって影響を受けるのは、連結財務諸表の見直し、外為法の改正、そして、持株会社制度の導入でした。連結財務諸表の見直しで、子会社も含めた財務諸表を投資家が見ることとなり、親会社だけを良く見せるようなテクニックが使えなくなりました。

しかし、外為法の改正で海外口座を持つことができ、海外での取引がやりやすくなり、また、持株会社制度の導入で事業を行わない純粋持株会社が解禁され、欧米流のＭ＆Ａがやりやすくなりました。

この持株会社制度は、銀行も活用することとなりました。１９９０年に13行あった都市銀行は、２００６年には、４大銀行[26]と3大メガバンク[27]の体制になりました。

合併していったのは企業だけではありません。１９９９年に公布された「地方分権の推進を図るための関係法律の整備等に関する法律（地方分権一括法）」により、市町村が合併していく「平成の大合併」がありました。

この時代は、いろいろな過去のものを手放し、経営方針を切り替え、交代していく時代でした。それぞれの経営者にとって、見極めが必要だったのです。

オンリーワンの第３世代

１９９８年から学校は完全週5日制になり、２００２年から２０１１年までの本格的なゆとり教育が始まります。知識重視型の教育から、経験重視型の教育へシフトしました。競争と比較を避け、公平と平等の教育が始まります。

子どもたちは、1999年から始まった（2015年現在も放送中）テレビアニメ「ONE PIECE」を観ながら、夢への冒険、仲間たちとの友情をテーマにした海洋冒険ロマンの世界に出かけます。そして、2000年に発売開始となったクラシエフーズの「甘栗むいちゃいました」を食べながら、甘栗はむいてあるものだと知るのです。

その後、2001年からシリーズ化（20011年まで）した映画『ハリー・ポッター』を観て魔法使いの少年を主人公とするファンタジーの世界に入っていきます。

さらに、2001年から始まった（2010年まで）漫才コンテスト「M1グランプリ」や、2003年から始まった（2010年まで）「エンタの神様」といったお笑いブームで盛り上がります。そして、同年にヒットしたスマップの『世界に一つだけの花』を聞いて、ナンバーワンにならなくてもいいと教えられるのです。

こういう環境で育つ子どもたちがどう感じ、どのような価値観をもって育っていくか、それぞれの性格と周囲の影響によって違うと思いますが、第1世代や第2世代の環境とまったく違っていることは事実です。

ゆとり教育が行われている2002~2011年の間、就業する女性が増加する時期でもありました。

20～39歳の就業者の推移を見ますと、男女の合計は２５５４万人から２３５５万人に減少していますが、女性の就業率（図中・女性率）は41％から43％に伸びています。特に、30～34歳の就業率は、２００２年の58・８％から２０１１年の67・６％と急増しました[28]。

環境にやさしい第３世代

１９９２年にブラジルのリオデジャネイロで開催された「環境と開発に関する国際連合会議」（地球サミット）で、持続可能な開発に向けた地球規模での新たなパートナーシップの構築が宣言されました。

１９９７年には、「第３回気候変動枠組条約締約国会議」（地球温暖化防止京都会議、ＣＯＰ３）で、「京都議定書」が採択され（発効

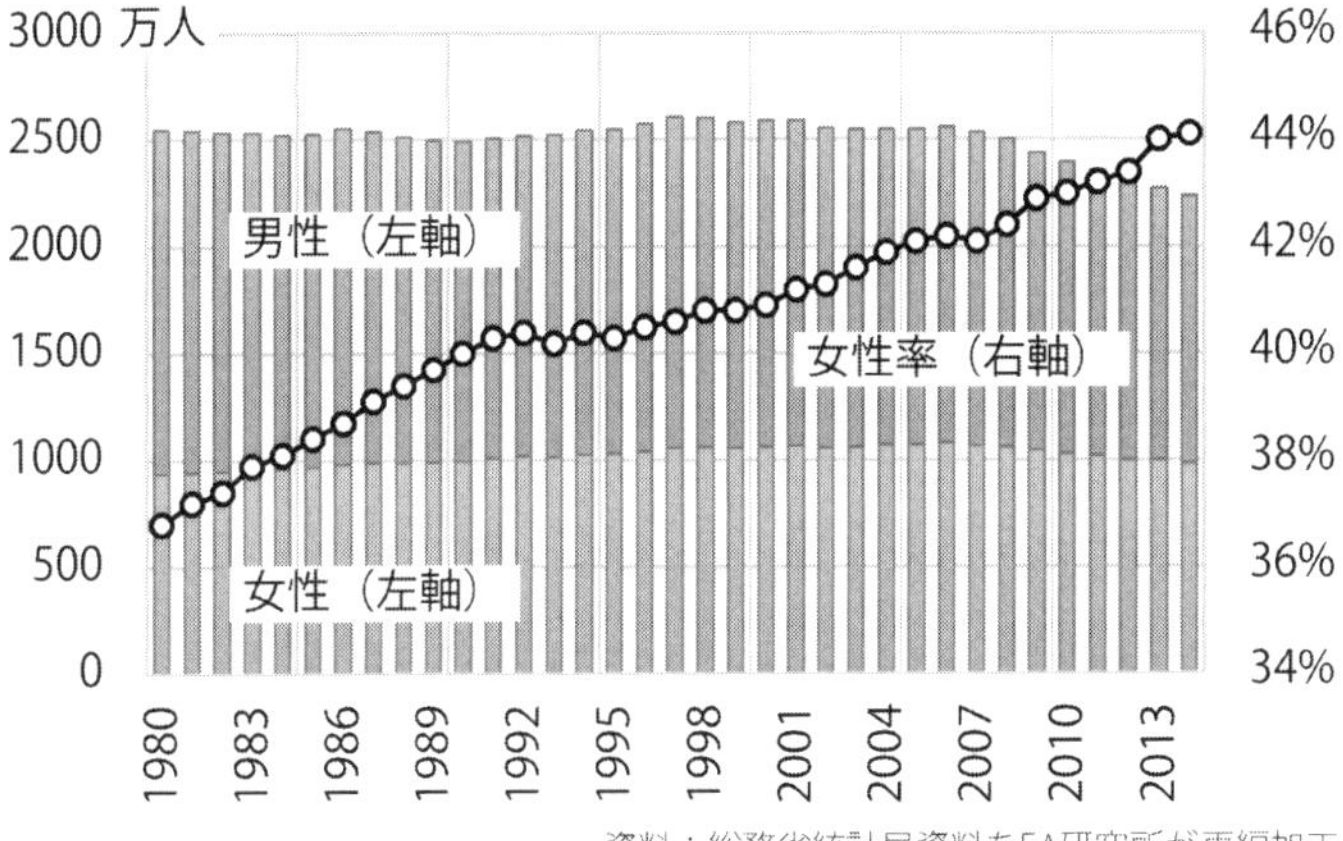

資料：総務省統計局資料をFA研究所が再編加工

20～39歳の男女別就業者（非農林業）の推移

は２００５年）、温室効果ガスの各国の削減目標（２００８〜２０１２年）が定められました。

これをきっかけに、ごみの分別が強化され、リサイクルの意識が広がります。学校や職場で積極的な運動が始まります。

２００５年には、35年ぶり2回目となる国際博覧会「愛知万博」が、「愛・地球博」という愛称とともに、人と自然の共存、循環型社会などをテーマに開催されました。


こうして世の中は、倹約ムードの中、いろいろな組織が合併していき、がむしゃらに生きるよりも精神的にゆとりを持つことを望み、「ヒト、モノ、トキ」を大切にしていく時代へと乗り換えていくのです。

こういう時の経営力は、市場の求める製品やサービスに切り替えていかなければなりません。たとえ自社の都合に合わなかったとしても、誠実な企業の姿勢が重要な時代なのです。


２００１年に雪印牛肉偽装が、２００３年に飛騨《ひだ》牛偽装が、２００７年には、ミートホープ品質表示偽装、「白い恋人」賞味期限偽装、赤福餅の消費期限偽装、船場吉兆の産地偽装や賞味期限偽装が発覚しました。

これらは、コスト削減の間違った方向です。みんなで力を合わせていこうという時代に、自分の都合で消費者をごまかそうとする企業は、生き残ることはできません。

交代の第３世代

２００７年、団塊世代の人たちが定年を迎え始め、企業の中で世代交代が一気に進みます。２００８年には日本の人口が１億２８００万人をピークに減少を始めます。75歳以上の人口は２０３０年まで増え続け、高齢化が現実のものとして意識されました。

それに備えて、２００６年に「高年齢者等の雇用の安定等に関する法律」が改定され、定年引き上げや継続雇用制度の導入が義務づけられ、２０１３年には希望者全員の65歳までの継続雇用制度が義務になりました。企業にとっては、労働力が確保できるプラス面よりも、人件費を確保しなければならないマイナス面の方が大きいようです。

日本の就業者数は、１９９７年の６５５７万人をピークに、既に減少しており、45歳を境に就業者数の推移を見ると、20～44歳の就業者が減少していることが影響していることが一目瞭然で読み取れます。

そして、２００９年、１９５５年から続いていた政権が交代しました。１９９３年に連立政権による政権交代がありましたが、衆議院第１党が自民党から民主党に変わったのは、実に54年ぶりだったのです。

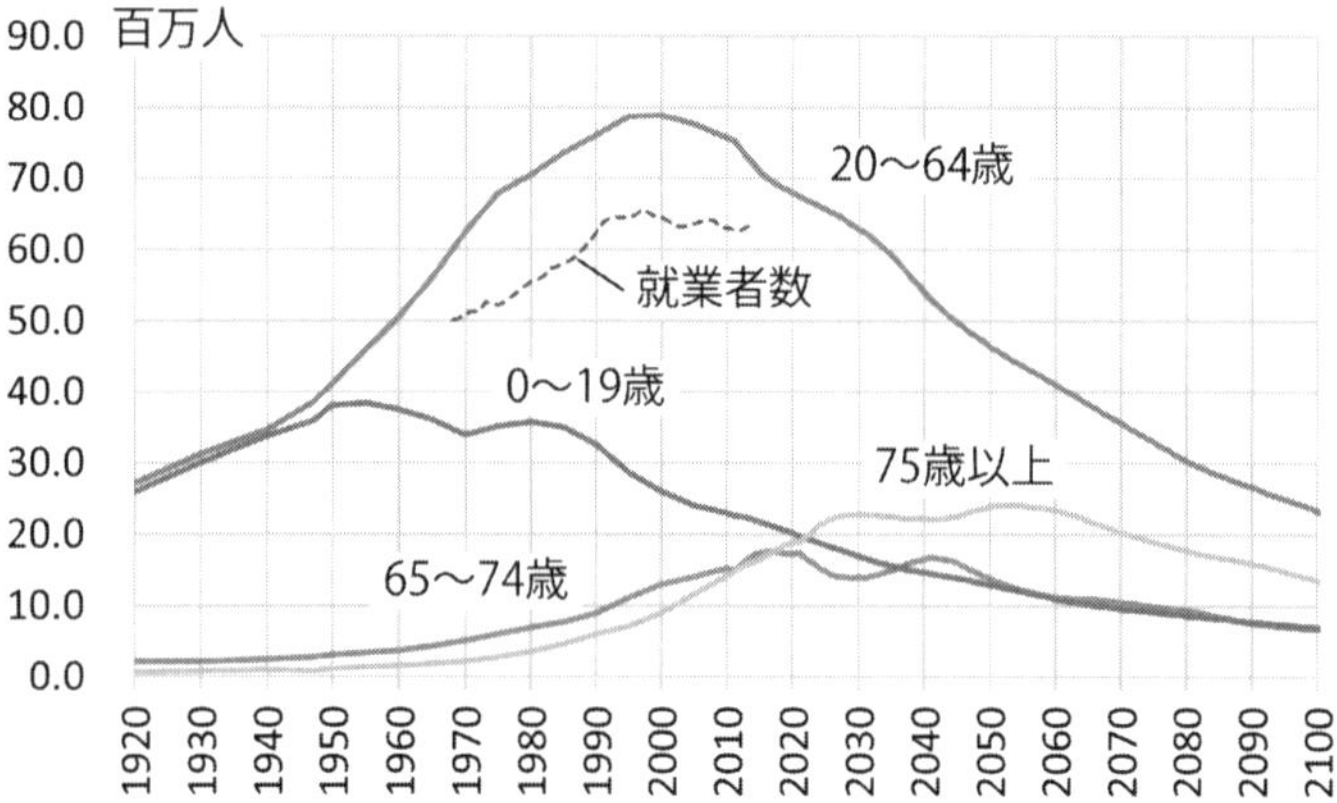

資料：人口問題研究所、内閣府統計局資料をFA研究所が再編加工

年齢４区分別人口の推移

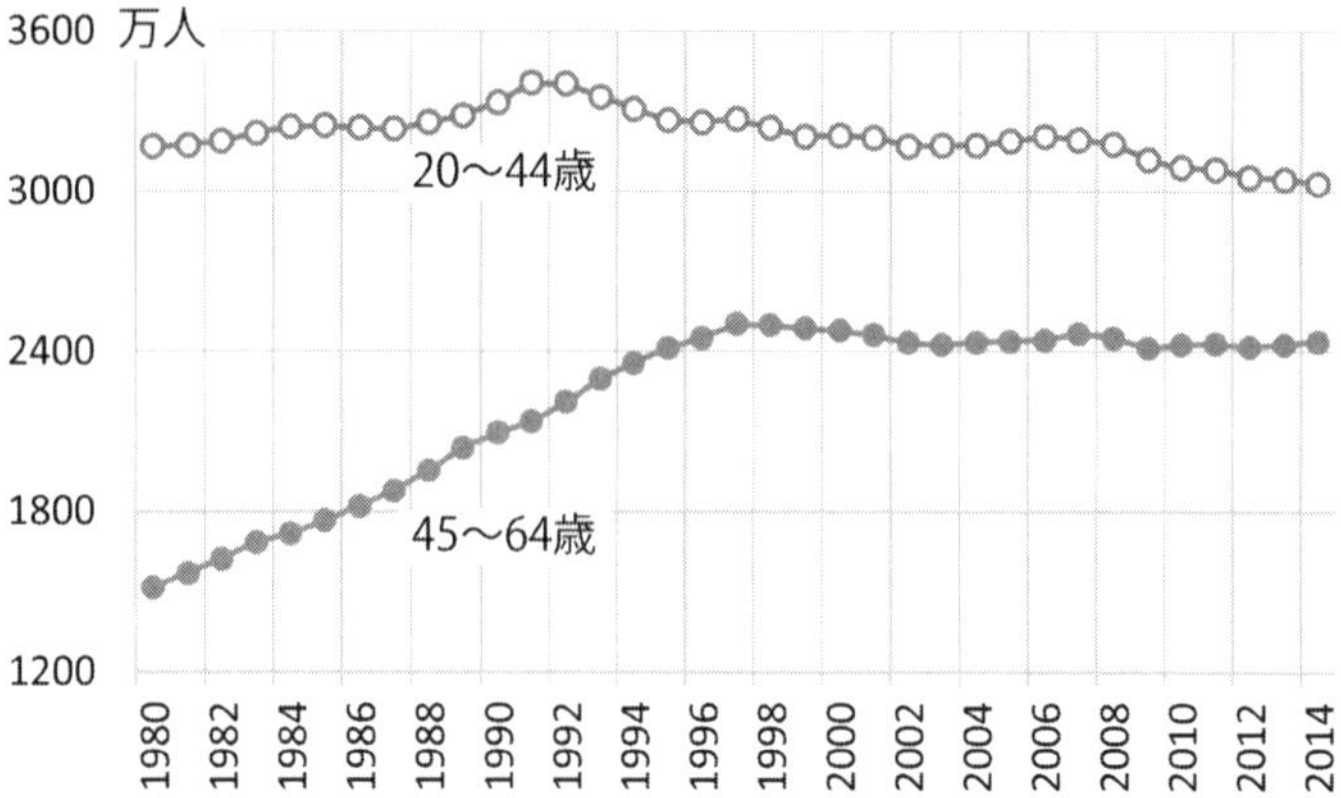

資料：内閣府統計局資料をFA研究所が再編加工

20～44歳、45～64歳別の就業数（非農林業）の推移

民主党の勝因は諸説あり、賛否両論分かれるところですが、いずれにしても、世論がそういう選択をするような時代であることは事実だということです。行政刷新会議が行う「事業仕分け」が始まった頃、多くの人が好意的にとったのは、行政のムダに対する不満の表れだったのかもしれません。

さらに、２０１１年に東日本大震災が発生し、津波の威力と恐ろしさを実感し、東京電力福島第一原子力発電所からの放射性物質が漏えいし、原子力発電の脆弱性と放射能の危険性を思い知らされることとなりました。

人々の価値観と生活が変わり、生命の重みと安全確保の意識が変わり、エネルギー資源の交代が進むきっかけとなりました。

倹約と交代に応える経営力の第３世代

このように見てくると、この頃の環境は、「本質」を求める時代とも言えます。上辺で、表面的で、形式的に捉えないで、本質的に見て、本気で考え、本物を残していこうとする時代です。継続するモノは継続し、交代するモノは交代していく時代です。

だから、過去のシガラミを断ちきり、誰かのコダワリを跳ねのけ、先入観や固定観念といったオモイコミを手ばなす判断が必要となります。客観的な分析と創造的な発想のできる経営が求められる時代です。

もちろん、必要に応じて大きく投資することも必要です。タイミングを逸すれば少しの回収もできません。また、交代せずに維持継続することも大切です。経営は、複数の選択肢の中から、熟慮断行すべきです。

ただ、この時代に必要な本質は、深いところにある本質です。短期的な目標や目的とは違って、企業の理念や精神に関わるところになる本質です。恐竜が絶滅した氷河期にあっても、わずかにある生き延びる可能性にかけた哺乳類のような鋭い「見極め」の行動です。

だから今、私たちは次の進化に向けて、新たな道を切り拓かなくてはならないのです。第1世代や第2世代とは異なる環境で、生き残る必要があるのです。過去の成功事例や体験は、参考になっても、そのままでは役に立ちません。切り替えて、乗り換えて、自らの力で方向性をもって、積極的に進化していかなければなりません。

2008年に出版した拙著『ワンランク上の問題解決の技術《実践編》視点を変えるファンクショナル・アプローチのすすめ』(横田尚哉・著)[29]には、「轍《わだち》理論」を紹介しています。何も考えずに前例に倣って進んでいると轍が出来上がり、いつの間にか、その轍から抜け出せなくなってしまうことです。

私たちは、戦後の歩みの中で、第1世代で作られた枠組みと第2世代で作られたシステムという轍から、本気になって抜け出さないといけない時かもしれません。

同書の中で引用した、サム・ウォルター・フォスの「子牛の足跡」[30]という詩をもう一度、掲載したいと思います。

昔々、一匹の子牛が家路に向かうため、木の生い茂る森をはじめて歩きました。その歩いた後を、他の子牛も歩きました。しかし、その足跡はクネクネしたものでした。

その後三百年が経ち、子牛はいなくなりました。でも、足跡はまだ残っていました。ある日、その足跡を一匹の犬が通りました。そして、羊の群れがその後に続きました。羊の群れは、いつもそこを通るようになりました。

その日から、この森には多くの人々が出入りするようになりました。彼らの多くは、クネクネと曲がりくねっているこの小路に不満を感じました。それも当然です。最初に移動した子牛は、木の生い茂る中をよろめきながら通ったからです。でも人々は、その小路を歩きました。

この森の小路は、通路になりました。曲がりくねっているこの通路は、やがて荷物を遠くまで運ぶ馬が通る道路になりました。馬たちはそれから一世紀半もの間、子牛の足跡を踏みしめていきました。

通路は、やがて街道になりました。そしていつしか、交通量の多い有名な幹線道路になりました。それでも、二世紀半もの間、子牛の足跡を踏みしめていったのです。

毎日十万の人々は、ジグザグの子牛を追いかけました。そして国の道路交通は進んでいきました。十万もの人々は、三世紀近く昔に死んだ一匹の子牛によって導かれたのでした。

そして今もまだ、曲がりくねった道を追いかけています。定着してしまった前例を守り通すために、毎日百年を無駄に費やします。

（横田尚哉・訳）

第3章

進化するために備えるべき要素

時代は進化を求めている

戦後の1945年から時代の特徴を振り返ってきましたが、それぞれ環境が異なり、その時代に適した手段があったということが分かりました。その時代でしかできない手段であり、その時代だからできた手段だったのです。だから、効果があったのです。

これからの時代も同じです。その時代時代の環境に、適合した手段に切り替えていかなければなりません。それが、企業の進化です。生物が進化してきたように、企業も進化させ、新しい環境で生き残らなければならないのです。

もっとも、同じ環境であれば、前例に倣って実行する方が効率的であり、時間と経費を削減することができます。無理して進化しようとせず、あまり考えず、先人の意見と周りの行動に合わせていけばよいのです。

しかし、私たちは今、第3世代の中にいながら、第2世代の身体で生きていこうとしているのではないでしょうか。一度、過去を手放し、進化していくトキが来ているのではないでしょうか。

私は経営コンサルタントとして、企業の進化のお手伝いをしています。たった4日で企業を成長させる技術をお伝えしているのです。そこには、進化するために備えるべき要素があります。この章では、それをお伝えしたいと思います。

第３世代の経営力を支える３本柱

売上高ではなく顧客満足を見る術

第３世代では、顧客がどのくらい満足しているかを見る必要があります。第２世代では、成果高や売上高を見ていれば、経営できていました。しかし、進化しなければならない時に、売上高を見ていても役に立ちません。

もちろん、経営に無意味だと言っているのではありません。売上高は、重要な経営指標であり、その期の経営の効果が表れてくる数値でもあります。経営管理上、大切な数値です。

しかし、あくまで結果の数値であって、本質ではないということです。結果に表れるから、結果の数値を見ていればいいという考え方は第２世代までの考え方です。経営の良し悪しを活動の下流で測ろうとする受け身の姿勢では、進化できません。

だから、顧客満足を見る術が必要なのです。顧客満足は、活動の上流の数値です。顧客満足度が上がると、必ず売上高に繋がります。売上高が下がるのは、顧客満足度が下がっているからです。結果を見るのではなく、原因を見るのです。

顧客満足とは、単なる感想ではありません。顧客の要求水準に対する達成の度合いを見ていかなければなりません。その時、目を付けておかなければならないところが3点あります。

【購入前顧客満足】購入を決定するまでのプロモーションにおける顧客満足
【購入時顧客満足】購入のための前後のプロセスにおける顧客満足
【購入後顧客満足】購入し使用段階のプロダクトにおける顧客満足

購入前顧客満足では、将来顧客になるかもしれない人に対して、製品やサービスの存在を伝え、近づける必要があります。この時、どのようにプロモーションしていくかという目ではなく、どのようにプロモーションされたいかという目で見ていきます。

まず、ターゲットとなる人々が、普段どのような環境に所属し、他からどのようなプロモーションを受けているかを知ることから始めます。

提供者側にとっては、もっとも見えにくいところです。この時点で、満足してもらえないと提供者との接点がありません。接点がないということは、見ようがないということです。意見してくれる人がいれば見えてきますが、そういうことはほとんどありません。

進化するためには、《見えないところを見る》コトが必要です。《見えるところを見る》だけでは進化に失敗します。

購入時顧客満足では、購入者が消費するリソースを見る必要があります。多くの場合、購入金額ですが、それ以外にも、時間、手間、人数、回数、距離、体力、精神力などがあります。そのリソースの投下量に見合ったリターンで満足度が変わるからです。

購入時のリターンは、感情的な要求の一部にとどまります。まだ、使用の段階に入っていないため、期待はあっても満足には至っていないからです。

しかも、購入者が購入する時にリソースを多く投下すると、多くのリターンを求めようとします。おなじリターンであっても、顧客満足は変わってしまいます。

例えば、長い行列に時間と忍耐力を使って並んだあとの購入や、苦労と運で勝ち取った権利を使った購入では、予定より多めに購入してしまうものです。しかし、程度が過ぎると、その行列から離脱し、次回並んでもらえる確率は限りなく下がってしまいます。

進化するためには、《見ていないところを見つける》コトが必要です。《見ているところを見る》だけでは進化に失敗します。

購入後顧客満足では、使用の段階で役立っている性能を見る必要があります。製品やサービスに対する性能ではなく、購入者の要求に役立った性能です。

どんなに優れた機能が備わっていても、性能が発揮する場面がなければ、無用の長物です。どんなに性能を発揮しても、購入者の要求に役立たなかったら、無駄なパフォーマンスです。見なくてはいけないのは、購入者の何かの目的達成に役立ったかどうかです。

例えば、日本国内を走るアウトバーン仕様のドイツ車、ダイビング経験のない人の腕にある100m防水の時計などです。彼らが購入したのは、時速260㎞に耐える走行性能でもなく、10気圧の防水性能でもありません。別の性能を購入したのです。そして、それが彼らの役に立っているから使い続けているのです。果たしてそれは、何だったのでしょうか。

進化するためには、《見誤ったところを見続ける》コトが必要です。購入後のある断面で《見えたところを見る》だけでは進化に失敗します。

労働時間ではなく忠誠心を測る技

第3世代で生き残るためには、顧客満足だけでは不十分で、従業員との関係も良好でなくてはなりません。第1世代のように、地位、名誉、出世といったものに価値観をおき、競争を望む肉食系の人は少ないからです。むしろ、信頼ややりがいに価値観をおき、共創を望む草食系の人が多いのです。

長く労働すれば、企業に貢献していると考える時代ではありません。目標どおり成果を出せば、忠誠心があると考える時代ではありません。忠誠心は、それだけでは測れないものです。

ただし、労働管理という意味では、労働時間を測る必要があります。労働時間と成果の関係が明確な業態では、労働時間と企業への貢献は、関連しています。

しかしながら、進化するために必要な従業員との関係は、労働時間ではないということです。従業員との関係を測る時は、労働時間を測るのではなく、忠誠心を測る必要があります。

ここに、ローレンス・J・ピーター氏らの提唱した「ピーターの法則」というのがあります[31]。組織構成員の労働に関する社会学の法則です。

・能力主義の階層社会では、各々の能力の極限まで出世し、無能な中間管理者になる
・時がたつにつれ、各階層は無能な人間で埋め尽くされる
・仕事は、まだ出世余地のある無能レベルに達していない人によって遂行される

ピーター氏によると、無能レベルまで出世すると「終点到達症候群」に陥ってしまうため、そうならないために、能力を発揮できるレベルにとどまることをすすめています。それを「創造的無能」と呼んでいます。

企業によっては、従業員を無能にさせないような人事戦略をとるところもあります。例えば、昇格させずに昇給していくやり方もその一つです。しかし、人件費削減が必要な企業にとっては、それも困難になってきているようです。

ただ、ピーターの法則には、その前提があります。義務や賞罰に依存した「外発的動機づけ」による能力発揮に限定しているからです。意義や関心による「内発的動機づけ」ができると、その限りではないということです。

たとえ、ある人が能力の極限まで出世したとしても、会社や経営者に対する忠誠心が充分ある間は、その人は能力を発揮し続けると考えるからです。実際、そのような企業を見てきました。

だから、従業員の忠誠心を測る技が必要なのです。特に、本質を求められている第3世代においては必要です。

利益ではなく便益を捉える力

第3世代の経営力を支える柱がもう一つあります。それは、協力者や協力会社との関係です。ビジネスパートナー、アライアンス企業、提携企業、下請け業者、出入り業者、契約社員、派遣社員など全てが含まれます。これからの時代に必要なのは、企業という枠組みを超えた、有機的につながったまとまりです。

それぞれの関係は、役割分担があるだけで、上下関係、支配服従関係はありません。スティーブン・R・コヴィー氏に言わせれば「Win－Winを考える習慣」[32]であり、稲盛和夫氏に言わせれば「利己から利他へ目的を移すこと」でしょう。

だから、利益を捉えて配分するという意識ではなく、お互いの便益を捉えて分かち合う力が必要です。「ギブ・アンド・テイク」という概念ではなく、「シェア」という概念です。人によっては、「ギブ・アンド・ギブであるべきだ」と言われますが、企業と企業の間では受け入れにくい考え方です。

利益は、売り上げから経費を引いた残りです。あくまで、会計上、金銭面での数値です。

便益は、金銭以外の効用も含まれます。

分かち合える便益の例

【金銭】得られた収益をシェアするコトは、一般的によく行われているものです
【実績】得られた体験をシェアするコトは、経験となりキャリアアップに繋がります
【評価】得られた評価をシェアするコトは、信頼向上にも繋がります
【感動】得られた感動をシェアするコトは、次へのモチベーションを生み出します
【権限】得られた権限をシェアするコトは、効率的な活動を行う助けとなります
【技術】得られた技術をシェアするコトは、スキルとなって次に活かせます
【情報】得られた情報をシェアするコトは、知識となって蓄えられていきます
【人脈】得られた人脈をシェアするコトは、新たな知識と経験のきっかけとなります

パートナーと何を分かち合い、何を与え合っているのかを捉える力が必要です。金銭だけで繋がっている関係では、進化していくことはできません。

これらの3本柱は、進化していくために必要な骨格です。顧客のため、従業員のため、パートナーのためから考えることが中心にならなければなりません。自社のことや自分の

ことは、進化した後で考えればいいのです。進化できないことには、自社も自分もなくなってしまうかもしれないのです。

組織を進化させるための3つの「みる」と3つの「はかる」

もし、いまだに進化できない企業があるとすれば、次の3つのどれかが充分にできていない可能性があります。私は、依頼のあった企業の課題をまず、この3つで判断します。

・昨日をしっかり診て、時には適切に測る
・今日をしっかり観て、時には適切に諮《はか》る
・明日をしっかり視て、時には適切に図る

この3つを実行できる仕組みが備わっている企業かどうかで、進化できるかできないかを左右します。言い換えると、この3つを備えることが先決です。

進化は3人で決める

企業の中では、日々いろいろな決定が行われていますが、進化に関して欠かすことのできない役割を担っている人がいます。それは、社長、企画部長、人事部長です。

誤解のないようにしておきたいのですが、他の人が進化に関わるなと言っているのではありません。この3人がいないところで企業の進化を決定してはいけないと言っているのです。

なぜなのかといいますと、この3人は、企業の中で次の時代のことを常に意識している人たちだからです。企業の行動してきたデータを管理したり、現場の進捗を監督したり、社内の状況を監視したりする人たちは、普段、過去や現在のことでいっぱいです。

その点、この3人の日常は、未来を意識した業務に携わっています。この先どうなるのか、どちらの道に進むべきかと意識しています。

特に、社長は、企業のビジョンを描く役割があります。企業がどのような姿を目指しているのか、どこに向かっていけばいいのか、常に視ているのです。だから、進化に対して適切な判断ができるのです。

企画部長は、社長の参謀として、社長に情報をもたらす役割があります。単なる事実ではなく、分析と解釈を加えた情報です。優れた分析と長けた解釈ができる人です。進化に対して、可能性とリスクの読みができる人なのです。

人事部長は、社内の人的資源を把握しています。どのような能力を持った人材がいるのか、どのような行動のできる人材がいるのか知っています。進化する時に必要な人材の調達と育成が戦略的にできる人です。

ただし、社長にしても、企画部長にしても、人事部長にしても、本来の業務をしている前提です。この3人が今日のビジネスのことばかりを考えているようでは、進化を決められる人はいないと言わざるを得ません。方向性のない進化は、一か八かの博打です。戦略のない進化は、無謀です。

もし、そういう状態であるならば、まずそこから変えていかないといけないでしょう。少なくとも、役職にこだわらず、この3者の存在を確保するところからです。

オペレイションとクリエイションのバランス

進化の案を生み出すのは、社長や企画部長や人事部長でなくても構いません。社内の他の役職者でも従業員でもいいのです。実際、企業で活動していただいているファンクショナル・アプローチ・プロジェクトでも、従業員と行うことがほとんどです。ファンクショナル・アプローチを使うとか、使わないとかにかかわらず、進化の案が生まれるかどうかは、クリエイティブな活動のできる人材がいるかどうかでみています。説明するまでもないと思いますが、進化はクリエイティブな活動です。

クリエイションに必要なのは「創造力」です。先入観や固定観念にとらわれずに、独創的で、新規性のある成果を生み出す作業です。

オペレイションに必要なのは「模倣力」です。いつでも、誰でも、同じ品質の成果を同じ費用と同じ時間で作り出す作業です。

オペレイティブな作業をクリエイティブに行っても、計画どおりの成果は得られません。いつもと違う成果物が出来上がるだけです。

クリエイティブな作業をオペレイティブに行っても、予測を超えた成果は得られません。いつもと同じ成果物が出来上がるだけです。

業態にもよりますが、企業にはオペレイションを担当する社員とクリエイションを担当する社員の適切なバランスがあると考えています。そのバランスが悪い企業では、ほとんどの場合、クリエイションを担当できる人材が不足しています。

なぜなら、入社したり、新任したりすると、まず、オペレイティブな教育と学習を行います。前例に倣って、手順を知って、そのとおりにやってみて、そのとおりになるかどうかを繰り返します。作業はオペレイティブに行われ、活動はオペレイティブに管理され、成果はオペレイティブに評価されます。

このような繰り返しで企業の活動は進んでいくのですが、これでは、クリエイティブな知識や経験を身につける機会がありません。クリエイティブな教育を受けていないから、クリエイティブなスキルがないのも当然ということです。

進化の道を探し出すのは、クリエイションです。進化を、オペレイティブな人に担当させたり，オペレイティブにしようとしたりすると失敗します。過去の事例や前例を徹底的に検索して、ルールを決めて評価して、消去法で残った案を最適案として提案するのが関の山です。これは、クリエイションではありません。

行動管理の制度と頻度

クリエイティブな従業員が揃ったら、次に気をつけることは行動管理です。行動管理とは、最小のリソースで必要な成果を確実に達成するために、時間の使い方を制御する仕組みです。成果管理と違って、プロセスに対する管理を指します。管理するためには、次の3時点があります。

【計画時点の行動管理】行動計画において時間の使い方を制御します
【実行時点の行動管理】行動現場において時間の使い方を制御します
【報告時点の行動管理】行動報告において時間の使い方を制御します

行動を管理するのですから、行動が実行されている現場で、管理する者が直接見て、直接制御するのが一番確実です。新人教育などは、この方法を取るのがよいでしょう。管理する者の負担を減らすために、行動の前後をまとめて見て制御する、計画時点の行動管理と報告時点の行動管理が現実的です。営業職などに関しては、この方法をとることが多いでしょう。

しかし、これらはオペレイションに対する管理です。オペレイションか、クリエイションかの区別もなく、全ての従業員の行動管理を徹底している企業では、進化はできません（58ページ参照）。

そこで、クリエイションを生み出すために、精度と頻度に気をつけます。精度に関しては、行動の幅を広めに設定することです。頻度に関しては、行動のまとまりを長めに設定することです。つまり、幅と長さに少し余裕を持たせ、ガチガチの管理をしないことです。工学的に言えば「遊び」です。私は、「自由な領域」と呼んでいます。制御の対象にならない隙間です。３つのどの時点においても、多少の隙間があっても、それを許すということです。

もっとも、ユルユルでも困ります。それぞれのスキルに応じて適切な設定であるべきです。

たとえ、オペレイション業務であっても、自由な領域をつくることで、行動管理の限界を超えることができます。

ディズニー・インスティテュート[33]は、完璧なサービスを完成させるために、行動管理の中に「テイク・ファイブ」というプログラムを導入し、自由な領域をつくりました。ゲストに特別な何かを行う５分間は、申請も許可も必要ないというプログラムです。

また、リッツカールトンも「エンパワーメント」という仕組みを導入し、自由な領域をつくっています。上司の許可なく行動できたり、２０００ドルまでの決裁できたりする権限移譲の仕組みです。

どちらの例も、行動の幅に自由な領域をもたせ、その効果をすぐに計測しないで長い目で見ているということです。企業はそこに、ある程度の投資をしているということです。自由な領域は、すなわち創造の領域であり、発見の領域なのです。自由な領域の中から、進化が始まることが多いのです。だから、クリエイションに自由な領域が必要なのです。

経営と管理の3つの解釈

第2世代では、管理の仕組みが発展しました。多くの人材と多くの業務を捌《さば》いていくためには、管理が必要でした。管理者も増えた時代でもあります。管理業務、管理技術、管理システムが出来上がり、効率的な管理ができるようになりました。

その頃から、管理のことを、マネジメントと言う人も増えてきました。マネージャー、マネジメント・スキルという言葉も拡がりました。一方で、経営をマネジメントと言う人もいます。外来語の混乱が生じ、いろいろな解釈が生まれました。

果たして、どのように区別すればいいのでしょうか。一般に使われている「管理」には、次の3つの解釈があります。

・統制する意味の管理（マネジメント）

・監視する意味の管理（アドミニストレイション）
・運営する意味の管理（オペレイション）

では、経営とはどのように解釈すればいいのでしょうか。

経営とは、「経之営之（これを経《けい》し、これを営《えい》す）」が語源とされています[5]。「経」には、経路、経過、経緯などに使われている「すじみち」の意味があります。「営」には、営業、営巣、陣営などに使われている「いとなみ」の意味があります。

つまり、筋道を立ててそのとおり進めることが「経営」と言えます。言い換えると、「計画して実行する」ことです。それが「経営」です。「すじみち」を立てる意味の含まれない「管理」と同じ用法はそぐわないということです。

進化をしていくためには、経営の範疇《はんちゅう》に入っていかなければなりません。「すじみち」から見直していくということです。一部の変更、マイナー・チェンジではないということです。ダイナミックな戦略が必要だということです。

戦略と作戦の違い

これまで、本書の中で戦略という言葉を幾度となく使ってきました。特に、進化は戦略的でなければならない、企業も戦略的でなければならないと説明してきました。ここで戦略という言葉を理解しておきたいと思います。作戦や戦術と混同しないようにしたいものです。

戦略という言葉は、もともと戦術論の中から生まれた言葉です。最近ではビジネス用語を意識して「戦略とは、長期的、大局的な観点から物事を見通して行動を調整する技術」というのが一般的な定義です[5]。まさに、戦略がクリエイションで、戦術がオペレイションです。

同様に、作戦や戦術についても定義してみました。

【戦略】長期的、大局的な観点から物事を見通して行動を調整する技術
【作戦】短期的、範囲的な観点から戦略を達成するための行動を定める技術
【戦術】即時的、局所的な観点から作戦を実行する時に用いる技術

戦略と戦術の違いは多くの人が区別できているかもしれませんが、戦略と作戦の違いは

どうでしょうか。長期的と短期的の違いはどこに置くべきなのでしょうか。「今週の営業戦略」という言葉は、しっくりくるでしょうか。

戦略とは、目的から組み立てることで、作戦は手段から組み立てることです。だから、目的が定まっている状態で、可能な手段を組み立てて、計画をしていることは、戦略ではなく作戦です。「今週の営業作戦」と言うべきです。企業で言えば、「年次計画」は作戦であり、「長期計画」が戦略です。

第3世代で生き残るためには、戦略的な進化が必要です。作戦程度では失敗するでしょう。ＰＤＣＡのサイクルで言えば、「戦略」は、得られた情報を分析、評価し、新たな筋道を探り出し、切り替える作業ですから、「Ｃ」と「Ａ」に当たります。このままの姿で続けるべきか、新たな姿に変わるべきかについて決断する作業です。

誤解してはいけないのが、戦略を、与えられてタスクに従って立てる計画だと理解することです。それは「作戦」であって、ＰＤＣＡの「Ｐ」です。進化は「Ｐ」や「Ｄ」で生まれるのではなく、「Ｃ」と「Ａ」で生まれます。

氷河期の地球では、気温の低下、気候の変動、森林の減少、食糧の不足が発生しました。大型生物は、活動に必要な多量のエネルギーを得られなくなります。変温動物は自ら体温をあげることができず、身体を維持することが出来なくなります。小型化に成功し、自ら体温をあげられる恒温動物に進化した生き物は、生き残ることが出来たのです。

第3世代の日本では、景気の低迷、経済の変動、市場の減少、人材の不足が発生しています。大企業は、活動に必要な多量の収益が得られなくなります。受け身の企業は、自らビジネスをつくることができず、組織を維持することができなくなります。時代にあった体質に進化し、自ら新たな道を見つけた企業は、生き残ることができるのです。

リスクと成長の二律背反問題

進化の方向を選択する時、リスクを優先するか、成長を優先するか、二律背反する問題にぶち当たります。私はこれまで、依頼のあった企業に対して多くの改善提案を出してきましたが、最終的にその企業の経営者の判断に委ねられるところです。

低リスクで高リターン（高成長）という都合のよい方法が見つかることは稀で、ほとんどは、リスクと成長はトレードオフになります。社内では、リスクに対して慎重になる人と、成長に積極的な人に分かれるでしょう。

議論しているうちに時間が過ぎていき、進化するタイミングを逃してしまうことはもったいないことです。ある程度の「思い切り、割り切り、振り切り」が必要です。

では、どのように判断するかというと、リスクと成長を測ることです。測るのは、リスクの大きさと成長の大きさです。それを現行の状態と比較します。

判断は実にシンプルです。リスクが増える量よりも、成長が増える量が、少しでも上回れば採用で、少しでも下回れば不採用です。もし、リスクが減る場合でも、リスクが減る量よりも、成長が減る量が、少しでも上回れば不採用で、少しでも下回れば採用です。

グラフにすると分かりやすいです。現行の状態から「判断ライン」を引き、そのラインの上側であれば採用で、下側であれば不採用です。リスクを受け入れ、大きな成長を狙う方向は、挑戦的な進化です。成長することよりも、このままの状態を続けるリスクを減らすことを狙う方向は、防衛的な進化です。

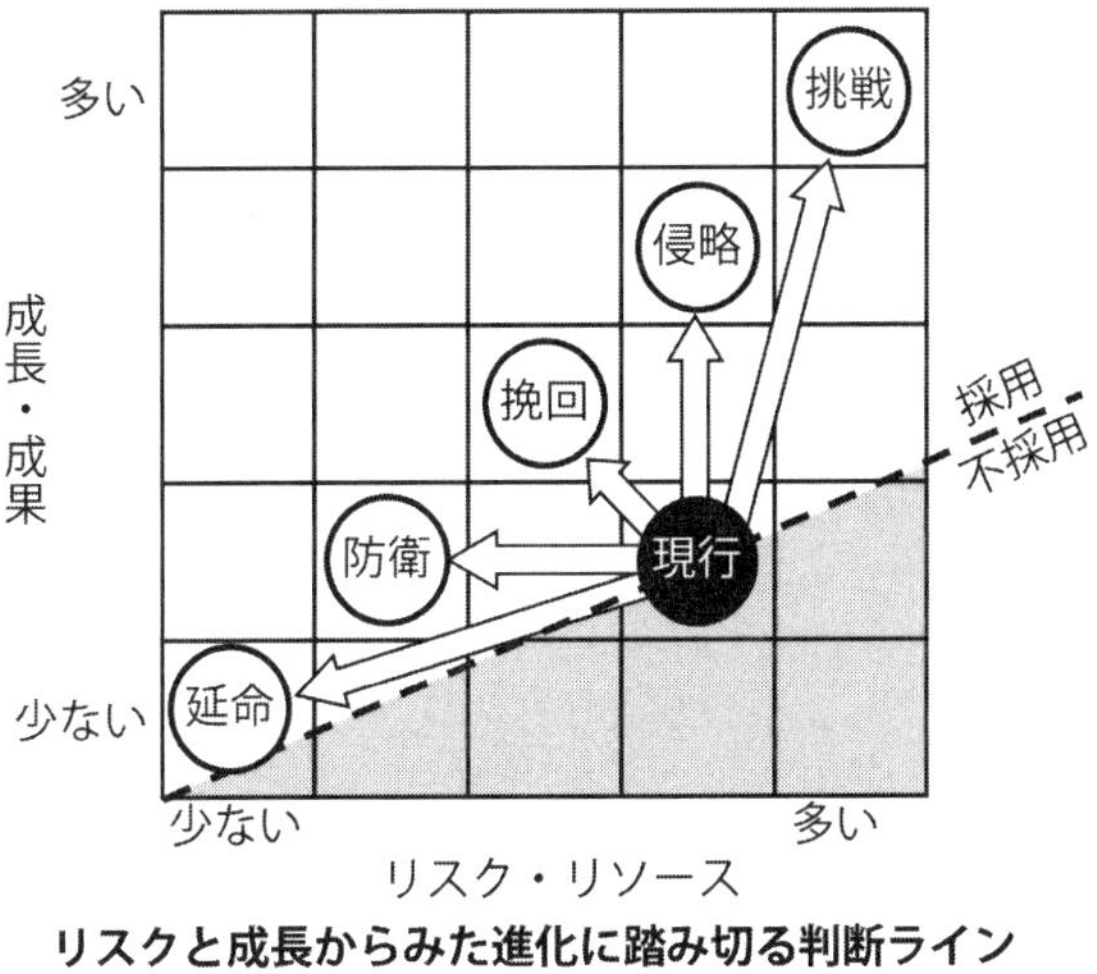

リスクと成長からみた進化に踏み切る判断ライン

どの方向に進化するのか、あるいは、できるのかは選択可能です。生き残りをかけた進化です。むしろ、判断ラインより上であれば、どこに向かっても構わないということです。もちろん、リスクの量も成長の量も、測ったとしても予測です。当然ながら、正確ではありませんし、誤差も多く含まれます。正確性を求め、予測誤差を縮める努力よりも、ある程度の情報から、判断していくことのできるスキルが必要です。

現行のやり方を変えず、小さく変更していくことは、この図の判断ライン上を行ったり来たりするようなものです。判断ライン上では、リスクと成長の二律背反問題から逃れられないということです。

仕掛ける時は強みに投資、仕組む時は弱みに投資

第1世代は「仕掛け」の世代であり、第2世代は「仕組み」の時代でした。仕掛けと仕組みは、第3世代でも必要な時があります。むしろ、仕掛けと仕組みをうまく組み合わせていきたいところです。

仕掛けが必要な時というのは、現状に何か作用させたい時です。動いていないものを動かす時や、動いているものを止める時です。リズムを変えたり、方向を変えたりする時です。こういう時は、自社の強みに着目し、強みを活かすための投資をすることです。弱みがあっても気にしないで進めることです。

仕組みが必要な時というのは、現状に何も作用させず、このまま維持させたい時です。動いているものを動かし続けたい時や、止まっているものを止め続けたい時です。リズムを保ち、方向を保ちたい時です。こういう時は、自社の弱みに着目し、弱みを克服するための投資をすることです。強みがあっても気にしないで進めることです。

人材戦略の相談を受ける時に、よくこの話をします。戦力上、スキルの高い人材をさらに伸ばしていくべきか、スキルの低い人材を引き上げるべきか、どちらがベターかという話です。企業にとって、両方していきたいのでしょうが、時間と費用の問題からどちらかを選択しないといけない状況があります。

そういう時に考えるべきことは、今企業は、仕掛けるタイミングにいるのか、仕組むタイミングにいるのかです。ビジネスがどのような状況にあるかで、方向が違ってきます。

仕掛けていかなければならない時に、人材のボトムアップと言って基礎教育をしている場合ではありません。仕組んでいかなければならない時に、有能な人材に新たなスキルを身につけさせている場合ではありません。

仕掛けは攻める時ですから、オフェンス力で決まるのです。仕組みは守る時ですから、デフェンス力で決まるのです。オフェンス力を高めたいなら、企業にとっての強みを使うことです。デフェンス力を高めたいなら、企業にとっての弱みをなくしていくことです。

今の会社の状況をよく観て、これからの会社が置かれる環境をよく視て、判断していくことです。SWOT分析（経営戦略策定方法、アルバート・ハンフリー構築）は素晴らしい分析ツールですが、使いこなせなくては進化の役には立ちません。

ブルー・オーシャンを狙ってはいけない

「ブルー・オーシャン戦略」[34]は、W・チャン・キム氏らの経営戦略論ですが、競合のいない市場を開拓することを説いたものです。競合が多く、コスト戦略、差別化戦略の激しい市場、「レッド・オーシャン」で戦うよりも戦略的に優れているというものです。

進化という点で言えば、海の中で繁栄した生き物たちが、陸に上がった時のような進化を狙うというものです。実際、陸には競合も、天敵もいないわけですから、進化できた生き物にとって楽園だったことでしょう。そういう意味では、ブルー・オーシャン戦略は、私の言うまったく新しい世界に飛び出すわけですから、同じような戦略のように感じる方も多いでしょう。

しかし、そのアプローチを間違ってはいけません。レッド・オーシャンを避けて探すアプローチという解釈をすると失敗します。新しい市場をつくる候補になるでしょうが、成功するかどうかは、出たとこ勝負の運任せになりかねないからです。

狙う市場は、競合がいるかいないかではなく、顧客がいるかいないかです。その顧客に対して、その企業が製品やサービスで貢献できるかどうかです。

結果的にその市場がブルー・オーシャンになることは大いにありえますが、はじめからブルー・オーシャンを狙うのではないということです。

3C分析の優先順位で説明すれば、正しくは、カスタマー、カンパニー、コンペティターの順です。最も重点的に考えなければならないのは、カスタマーの環境です。決して、コンペティター、カンパニー、カスタマーの順ではないということです。

今の手段を手放すことができるか

ビジネス・リソースを再配分できるスキル

ビジネス・リソースは限られています。限られているからといって、それを理由にビジネスを縮小することはよくありません。それは戦略とは言いません。かつての大将は、使える兵力をいかに再配分するかを考えてきたのです。

ビジネス・バリューを高めることを考えることです。ファンクショナル・アプローチでは、価値を次の基本式で捉えています。

V（バリュー）＝F（ファンクション）／C（コスト）

この基本式からリソースの再配分をどう考えるかをお伝えしたいと思います。例えば、昔はあるコストをかけて、要求を満たすビジネスをしていました。しかし、ビジネス環境の変化により、使えるコストが少なくなってしまうことがあります。それと同時に、その事業の達成すべきファンクションが充分な水準まで達成できなくなります。それが今いるところです。当然、売り上げは上がらず利益も出ず、顧客の不満はつのり客離れが進み、次の一手が打てず悪循環です。

できることは、ただただ、ギリギリのところで我慢するしかないということでしょうか。これでは企業として、余力が生まれません。リソースの再配分どころか、身動きが取れなくなってしまいます。

なぜこうなるかというと、同じ手段、同じやり方で考えているからなのです。コストをかければ良いものができ、コストを下げれば悪いものができます。「安かろう悪かろう」です。それは、ただ単に変化しているだけで、進化と言えるものではありません。

進化するということは、価値が向上することです。ファンクショナル・アプローチには、

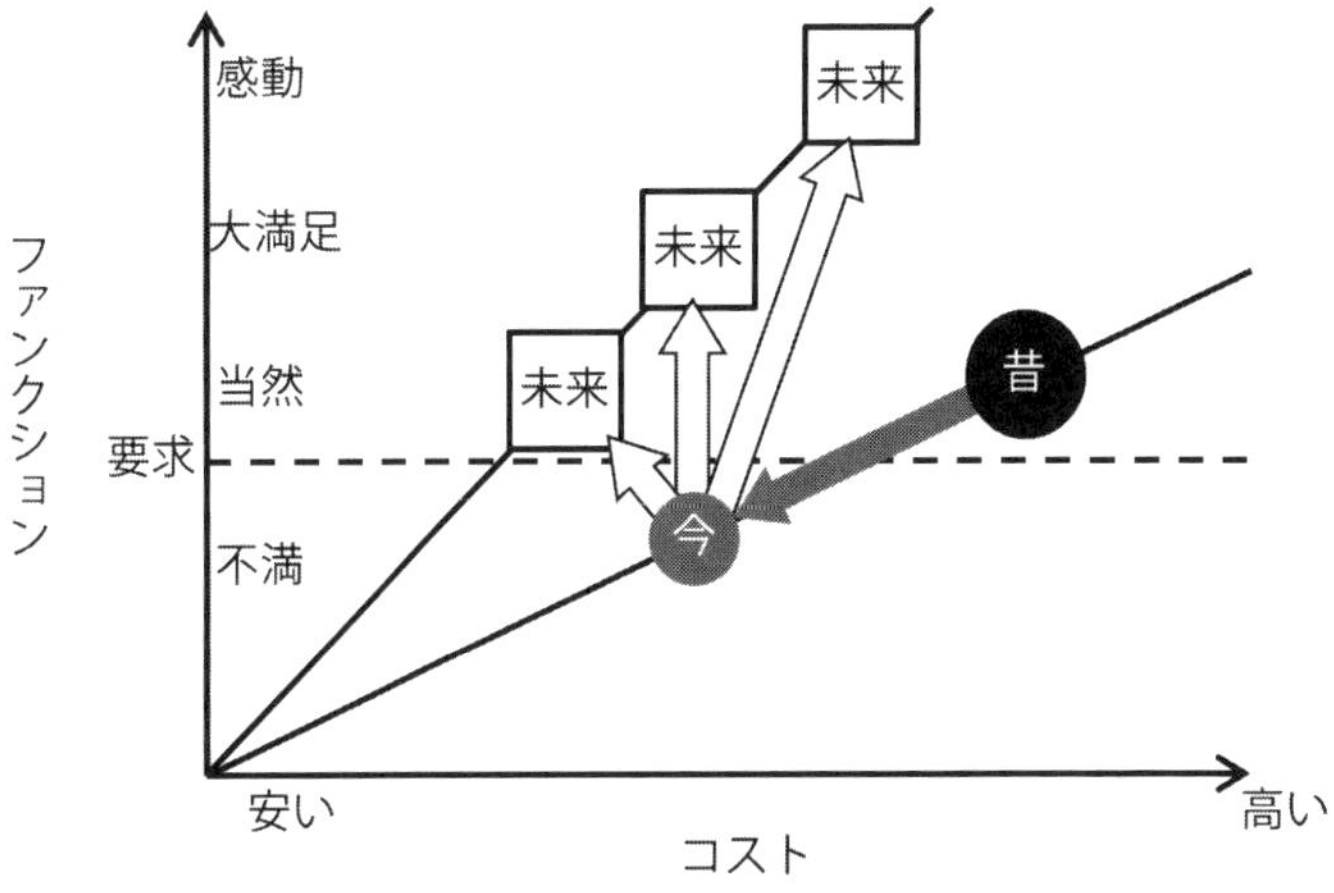

ＦＡからみた変化と進化の違い

価値向上をとても意識して活動します。

やり方を変えずに、リソースの調整をしている行為は、オペレイションです。クリエイションは、手段、やり方そのものを変えていこうとする行為です。結果として、コストが下がり、ファンクションが向上することを狙うものです。

つまり、今までのオペレイションで考えていたライン上にいるようでは、進化はできないということです。進化に必要なのは、オペレイションのスキルではなく、クリエイションのスキルです。過去の手段を手放し、未来の手段をつかむ行為です。

もし、別の手段、やり方が見つかったとすれば、ビジネス・バリューは一気に向上します。そのライン上で新しく考えていくことです。ライン上でリソースのコントロールをしていけば、楽にビジネスができ、生き残ることができるのです。

生き残るための企業に必要な４つのシステム

企業があらゆる環境で生き残るためには、必要なビジネス・リソースをうまく再配分し、進化し続けていくことです。それは、必要なシステムを残し、過剰なシステムをシンプル化し、不必要なシステムをなくしていくことです。

第2世代は仕組みの時代でした。複雑化してしまったシステムと多くなってしまった管理が、企業の進化を阻んでいる状態も多いのです。その時代で必要な仕組みでも、今の時代、これからの時代に必要かどうかは、別として考えるべきなのです。過去のシガラミ、誰かのコダワリ、将来へのオモイコミは、手放していくべきなのです。

ただ、複雑であったとしても、支社、部署といったカタチで考えるのではなく、ファンクションで考えるととてもシンプルなのです。支社も部署も、企業の生き残りに必要なファンクションを達成するための1つの手段でしかないということです。

だから、企業にとって必要なファンクションが何かを捉え、そこからもう一度考えなおすということです。それができる企業は、生き残ることができ、それができない企業は、中途半端な進化に終わるか、時代とともに消えていくこととなります。

では、どのようなファンクションが必要なのでしょうか。それは、たった4つでいいのです。その4つとは、経営と営業と管理と改善に関するものです。このファンクションを達成できるシステムを時代にあったやり方として構築できているかどうかにかかっています。繰り返しますが、これは組織の有無ではありません。ファンクション達成の可否です。

【経営システム】次に進むべき方向を見失わず、示し、伝えることのできる仕組み
【営業システム】決められた方向に確実に向かって行くことのできる仕組み
【管理システム】現状を把握でき、計画との差異を発見し、正すことのできる仕組み

【改善システム】環境の変化を捉え、より優れた手段に進化することのできる仕組み

経営システムでは、《方向を決める》コトが重要です。その方向に向けて、営業システムが動き出します。営業システムでは、顧客に対して製品やサービスを提供し、《営業利益を生み出す》システムです。その活動の《確実性を高める》ために、管理システムがあるのです。管理システムがあるから、経営システムや営業システムも機能するのです。

ここまでは、多くの企業に、備わっているシステムだと思います。第1世代、第2世代で培ってきた経営力です。順調に成長している企業が、同じ経営環境の中で活動できる間は、この3つのシステムがあれば、問題なく発展していくことができることでしょう。

しかし、環境が変わった時に進化できなくては、ほんとうの意味での生き残りはできません。そのために、改善システムが必要なのです。現行方法から、さらにもっと優れた方法に、《手段を改善する》ためのシステムです。

順調に成長してきた企業には、この改善システムが手薄になっていることが多いのです。部分最適により、何とか綱渡りしてくることのできた時代では、あまり気が付かないものだったのかもしれません。今までの余裕代を全て使い果たし、限界ギリギリまで追い込まれた時に、機能しなくなって困窮するケースが多いのです。

企業にとって改善できないということは致命的なことなのです。ある瞬間、ある時代だ

け、何かのイベントか、キャンペーンのように、盛り上がればよいようなものではありません。企業とは、存続し続けるために努力していくべき組織形態です。

だから、私は強く主張したいのです。今すぐ、改善システムを確認していただきたいということです。ファンクショナル・アプローチを勧めているのではありません。何らかの改善システムを活かせるようにしていただきたいということです。それは、企業が生き残り、次の時代の経済活動を助け、人々の生活を支えるためなのです。

企業が生き残ることで、経済システムが回るのです。健全な社会システムにしていくことが、30年後の子どもたちのためになると、私は考えています。

第４章

第３世代に適合した姿に変わる方法

４日間で40億円を生み出すファンクショナル・アプローチ

ファンクショナル・アプローチの発祥

「ファンクショナル・アプローチ」は、１９４７年12月にアメリカの大手メーカー、ゼネラル・エレクトリックのローレンス・Ｄ・マイルズ氏が開発したものです[35]。終戦後の新しい時代に進むために開発された進化のための思考システムです。

当時は、電機業界や自動車業界といった製造業を中心に普及していきましたが、今では国家プロジェクトなど、ものづくり全般に拡がっています。その拡がりは「バリュー・メソドロジー」「バリュー・マネジメント」として、世界中に及んでいます。

ただ、残念なことに、全ての産業というわけにはいきませんでした。そのテクニックとマインドを継承する人が減り、他のテクニックに融合されていきました。活用されていた業界でも、人が入れ替わっていき、時代が変化していく中で、継続できず手放していく企業も増えてきました。

私自身、この思考システムを正しく理解し、次の世代に遺し、必要な企業に伝えていくために、会社を設立し活動しております。しかし、まだまだ、必要な企業まで届いていないのが現状です。

ファンクショナル・アプローチが進化に役立つ理由

ファンクショナル・アプローチが進化するために役立つと言うのには、理由があります。通常のアプローチと決定的に異なるアプローチがあるからです。

それは、現在目の前で発生している現象をどう観るかということです。多くの場合、「結果」と捉えることから始めますが、ファンクショナル・アプローチでは、「手段」と捉えます。

結果と捉えてしまうと、何らかの原因があると考えてしまいます。何が原因なのか、なぜそうなってしまったのかというものです。どこかに原因があったから、今の状態、現象に至ったのだという考え方です。

そこには、今の現象を解決するために、その真の原因を是正すればよいという前提があります。原因と結果の因果関係が明確にあり、原因の制御により結果をコントロールできるという考えに基づいています。

そういう思考は、必ず原因が必要であり、なんとしても探し出さなければなりません。

それが、原因追究、犯人捜しの行動を生み出します。

原因追究や再発防止をしてはいけないと言っているのではありません。通常のオペレイションの中では、必ず必要な手段です。それができていないと、企業は統制がとれなくなります。

ただ、進化をする上では、意味が無いということです。新しい道を探そうとする作業です。過去に遡って原因を究明したところで、新しい未来があるわけではありません。そこからの解決は、仮説と検証の繰り返しになっていきます。仮説は過去の前例、他社の事例を参考にすることも多く、情報の検索、収集、集計、整理といった作業で出てくるものがほとんどです。

決して、新しいものは生まれず、誰かの背中を追いかけているだけで、永遠に先頭を走ることはできません。模倣に陥りやすく、進化できず失敗することがほとんどです。それが、「過去の再現化」です。

時代の変化は、必然であり、何が原因なのか、なぜそう

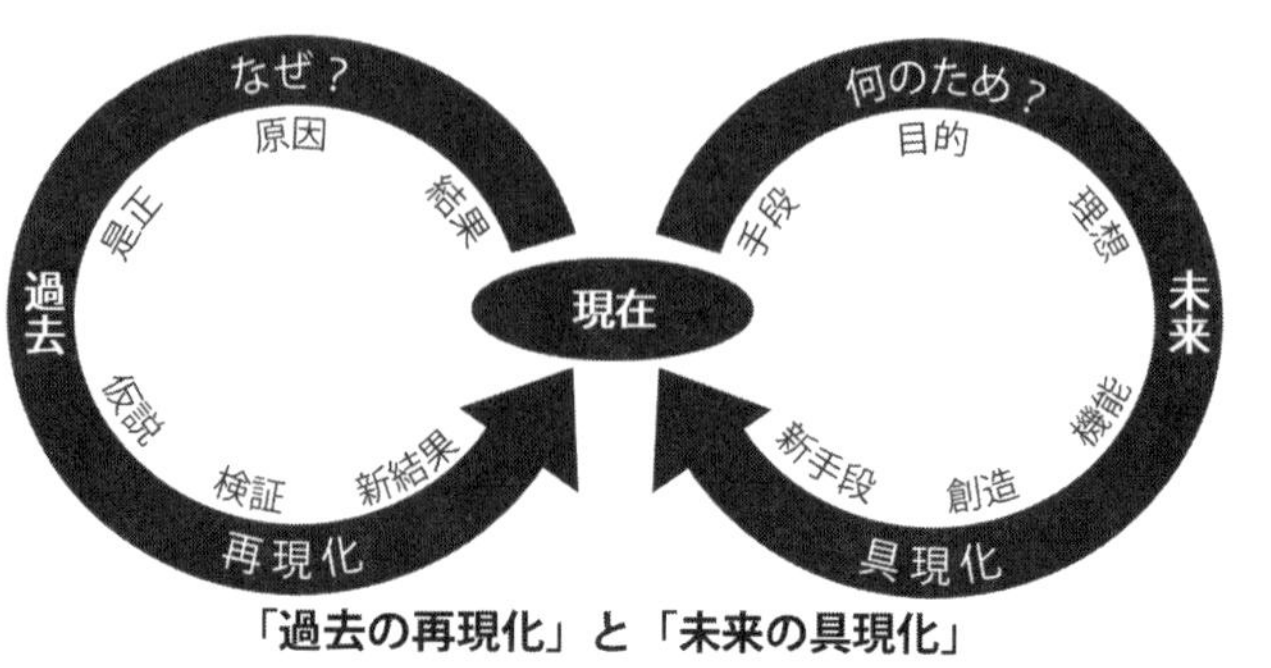

「過去の再現化」と「未来の具現化」

なってしまったのかと考えるようなものではないということです。

ファンクショナル・アプローチでは、結果として観ずに手段と観ます。その現象が発生しているということは、なんらかの目的があるはずだと考えます。その目的を達成するためにとった手段に問題があったのだと考えます。

そこには、目的が達成しさえすれば、手段にこだわる必要はないという前提があります。手段を変えても、同じ目的を達成することができるというものです。今選択している手段が最高の手段とは考えません。あくまで、選択肢の中で最適だと判断しただけなのです。

そういう思考が、本質を見出そうという思考に繋がります。本来目指している理想の姿を感じようとします。目的追究、恋人探しの行動を生み出します。

この行動が、進化には必要なのです。まだ見ない未来に向かう思考になるからです。理想の姿が見えるから、新たな手段を創造しやすくなるのです。それが、「未来の具現化」です。

過去に向かうか、未来に向かうか、アプローチはまったく違います。１８０度の意識改革が必要なのです。

進化する方向は顧客の未来

ただ、注意が必要なのは、今、提供している製品やサービスは、昔のある時点においての最適化されたモノやコトであるという点です。その時代の、その使用者の要求を満たしているにすぎないということです。つまり、製品やサービスは、最適化された時点で、止まっているということです。それを踏まえた上で、事実のみを整理していくことです。

同時に、今の問題点を知ることです。使用者の要求とのズレが生じているかどうか、ずれているとすれば、それはどこなのかという点です。そのために、今、どのような課題があるのかを理解しておくことです。

そして、使用者が、今の製品やサービスに新たな要求がないか、要望がないか、期待が

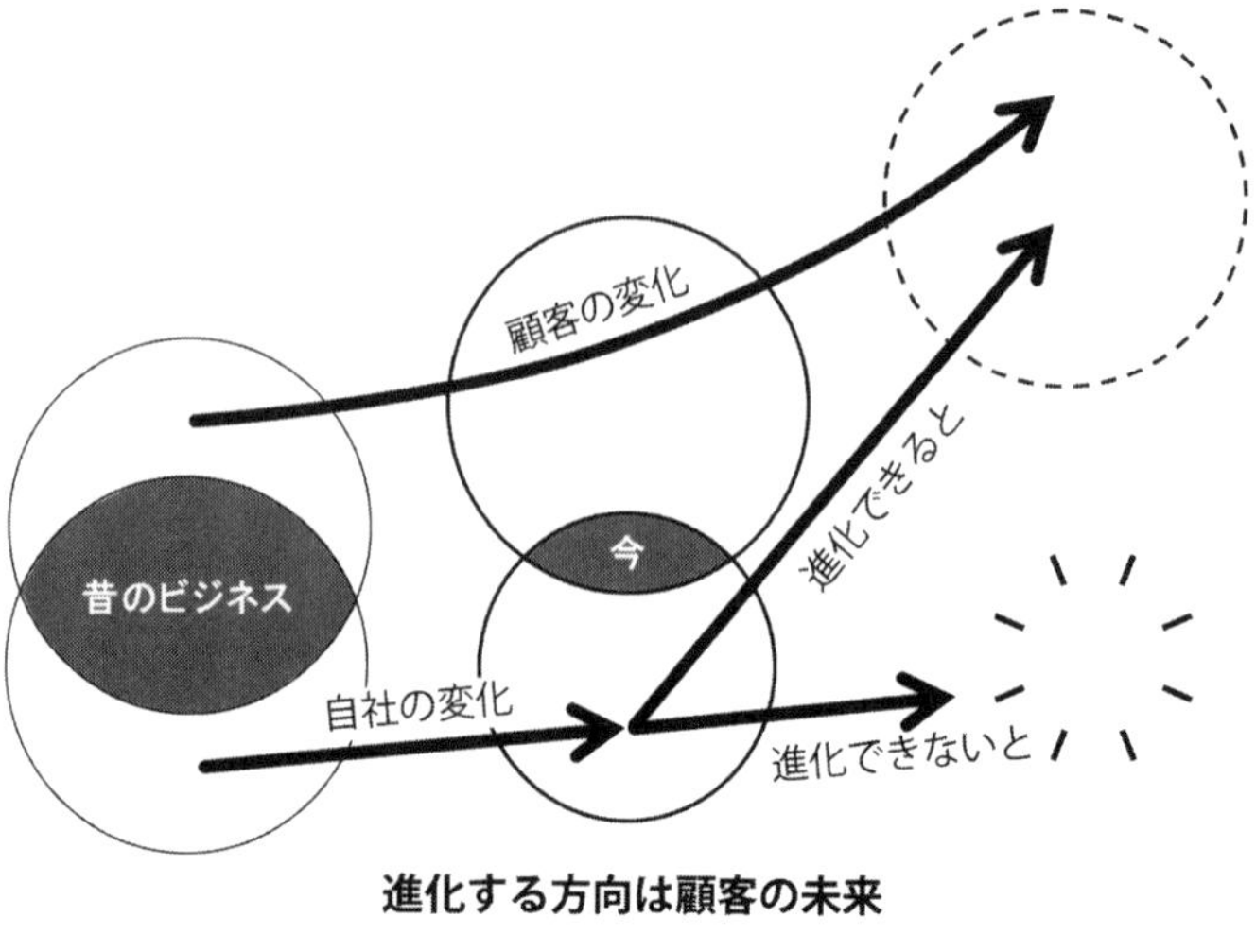

進化する方向は顧客の未来

ないかです。直接、使用者から得られる場合もありますし、こちらで予想するしかない場合もあります。予想する場合は、そう簡単なものではありませんが、いろいろなテクニックを使って想定していきます。

こうして得られた情報は、使用者の進む未来を捉えるためです。昔のビジネスが成功していたのは、その時点での要求と提供が一致していたからです。その後、使用者の要求は時代とともに変化していきます。追随できていれば、今も同じようにビジネスができているでしょうが、縮小しているということは、要求と提供の重なりがなくなってきたということです。

もし、ここで進化できなければ、使用者の要求を満たすことができなくなり、自社から次々と離れていき、ビジネスは成立しなくなり、企業は消えてなくなる運命となるでしょう。

そうならないために、使用者の向かっている未来を予測し、そこに向かって進化することに努力しなければなりません。自社も使用者も過去の状態に戻ることはできないからです。

４日間で何を行っているのか

ファンクショナル・アプローチは、戦術を変えるものではなく、戦略を変えるものです。戦略を変えると、必要な人材も、組織も、スキルも、ノウハウも変わります。コスト構造もスケジュールも新しくなります。ガラッと変わる解決策を見つけるのです。

それをたった４日間で行うのです。しかも、８人程度のメンバーで行うワークショップ方式で行います。

４日間で40億円といっても、ケースバイケースです。３日間の時もあれば５日間の時もあります。１億円しか生み出さない時もあれば、１００億円以上を生み出すときもあります。金額ではない、例えば組織の改善やサービスの向上といったものを向上させる場合もあります。

その４日間の内容は、大きく分けて「分析」「評価」「創造」に分かれます。この４日間を対象となるテーマにかけると、改善提案が出てくるというものです。改善提案は、通常のアプローチ方法では見つからなかった、企業にとって新たな未来を拓く進化につながるものです。

この実施手順は、ローレンス・Ｄ・マイルズ氏の手順、「ブラスト・クリエイト・リファイン」（Blast, Create and then Refine）に沿ってつくられたものです。そこに、さまざ

事前活動	準備段階	依頼確認 テーマの選定 目標の設定	日程工数の計画 チームの編成 実施方法の計画	事前会議 事前手配 事前準備
ワークショップ	分析段階	現状調査 情報収集 情報分析	構成要素の設定 Ｆの定義 Ｆの分類	Ｆの整理 Ｆエリアの設定 キーＦの選定
	評価段階	現行コスト分析 現行性能分析 感性分析	目標コスト評価 目標性能評価 リスク評価	価値の程度 経済効果予測 対象分野の選定
	創造段階	アイデア発想 概略評価 略図化	アイデア分類 具体化 検証	組み合わせ 詳細評価 取りまとめ
事後活動	実行段階	提案審査 活動評価 採用案の確認	採用案の実行 実行の監理 実行の記録	効果評価 効果集計 結果報告

Ｆ：ファンクション

ファンクショナル・アプローチの実施手順

まな工夫がされてきているものです。

分析では、現行のやり方から、表面的なものを取り除き、本質を抜き出していきます。この時に問いかけていくのが、「誰のため？」「何のため？」という2つの質問です。この問いかけで出てきた答えを「ファンクション」と呼んでいます。そして、この問いかけを繰り返していくことで、キーとなるファンクション、すなわち本質に辿り着けるのです。

この時、間違ってはいけないのが、「なぜなぜ分析」をしてしまうことです。「なぜなぜ分析」は、原因を探し出すテクニックです。過去に遡って犯人を捕まえるアプローチです。未来に向かって新しい道を探す時に、過去を振り返っても進化には役立ちません。「何のため？」という質問は、目的を見つけ出すテクニックです。未来に思いを馳せて恋人に巡りあうアプローチです。企業にとっての理想を見つけ出すことこそが進化です。

評価では、ファンクションから評価をしていきます。現行のやり方、現物、現象などはみずに、あえてコト離れ、モノ離れをしていくのです。現行の姿から離れていくことで、先入観や固定観念から逃れられるのです。その状態で、現行のリソースの投下の程度やファンクションの達成の程度を測って行きます。そして、あるべきリソースの配分やファンクションの達成目標について設定していくのです。

この段階は、現行のやり方のどこが、時代に合わなくなってきたのかを炙り出す段階です。レントゲンや血液検査のようなものです。改善箇所を絞り込み、創造にかけるパワーを集中させるためです。絞り込みができるから、4日間という短い時間でも、大きな効果を引き出せるのです。

創造は、進化のための新たな道を見つけ出し、間違いなく進化し、明るい未来が待っているのかどうかを検証する段階です。具体的な手段をつくり上げ、それを練り上げ、磨き上げていくのです。粘り強く、繰り返し練り上げることで、欠点のない、コシのある、カドのとれた、進化の姿が出来上がるのです。

4日間のうち、この段階に全体の半分くらいの時間をかけます。発想するだけなら、机上の空論であり、精神論や理想論の塊が出来上がるだけです。それでは、進化できるかどうか、何の保証もありません。博打のような進化は、できません。

だから、時間をかけて、慎重に進める段階です。メンバーの知識と経験を結集して、調査と検証を繰り返していきます。時には、試作を作ったり、実験をしたりして、見落としはないか、忘れているところはないかと、何度もみんなで確認していくのです。

ファンクショナル・アプローチで進化する

では、実際にファンクショナル・アプローチを使った進化のやり方を説明していきたいと思います。できるだけ、産業、業界、業態を選ばず、時代や文化的背景を選ばず、順に説明していきたいと思います。

もちろん、進化に正解があるわけではありません。これしかないという進化は存在しません。あくまで、それぞれの価値観、理念に照らしあわせた優劣があるだけです。ファンクショナル・アプローチは、思考システムですので、思考する人の過去の知識と経験によって出てくるものは異なります。

それでは私と一緒に、考えてまいりましょう。考える手順は、次のステップで進めていきたいと思います。

【ステップ１】使用者は誰か
【ステップ２】使用者との現在の接点となっているカタチは何か
【ステップ３】使用者は、そのカタチから何を得たいのか、得ているのか
【ステップ４】使用者が本当に達成したいファンクションは何か

【ステップ5】そのファンクションを提供できる新しいカタチは何か

企業は、誰のためにあるか

まず、ご自身の「企業は、誰のためにあるのか」を明確にしてください。進化する方向を決める重要な質問です。誰にとって優れた企業になるべきかを明確にしておくということです。

株主、顧客、従業員、経営者、関係会社、会員企業、地域社会、自然環境など、いろいろあると思います。1つでも構いませんし、複数あっても構いません。それを優先順にリストアップしてみてください。

この段階で、経営メンバーの中で、異なるリストになるようでしたら、足並みがそろっていません。「船頭多くして、船、山に登る」です。

本来は、経営メンバーはもちろんのこと、従業員全員が共有しておくべきリストです。

ジョンソン・エンド・ジョンソン株式会社は、「我が信条」で、顧客、社員、地域社会、株主の順であると明確にしています[36]。

ヴァージン・グループの創設者で会長であるリチャード・ブランソン氏は、次のように言っています[37]。

「第1に従業員、第2に顧客、第3に株主」

Put your staff first, customers second, and shareholders third.

スーパーマーケットのディズニーランドと言われる「スチュー・レオナルド」には、「私たちのルール」というのがあり、各店舗の入口に石碑にして置いているのです[38]。

【ルール1】お客様はいつも正しい

【ルール2】もしお客様が絶対に間違っていたら、ルール1を読め

Rule #1 - The Customer is Always Right.

Rule #2 - If the Customer is Ever Wrong, Re-Read Rule #1.

顧客第1主義か、社員第1主義かは、どちらを選択するかは経営メンバーの考え方です。ファンクショナル・アプローチでは、どちらでも構いません。

ただし、選択した優先順位が一貫しているかどうかが重要です。経営メンバーや従業員といったヒトに対して、提供する製品やサービスに対して、考え方も行動も全てにおいて

一貫していることです。

一貫していないということは、ファンクションがブレることを意味しています。ファンクションがブレるということは、目的、意図、狙いといった方向性がブレるということです。方向性を失った進化は、失敗する確率が高くなるということです。

事業は、誰のためにあるか

次に、企業が扱っている「事業は、誰のためにあるのか」を明らかにしていきます。

つまり、商材に対するユーザーが誰かということです。どのような製品か、どのようなサービスかによって、そのユーザーは異なってきます。マーケティングでいうターゲットやセグメントを明確にするということです。

ここは、とても重要になってきます。なぜなら、その商材にお金を払うかどうかを決定する人だからです。その人にとって、価値ある製品かどうか、価値あるサービスかどうかで、購入するかどうかが決められるからです。

ファンクショナル・アプローチでは、この人のことを「使用者」あるいは「ユーザー」と言います。この呼び方自体にとらわれる必要はありませんが、商材によっては、支払者、所有者、消費者、管理者、利益享受者《きょうじゅ》など、言い換えても構いません。

そして、使用者は、単独の場合も、複数の場合もあります。複数の場合は、その優先順位を明確にしておくことです。

例えば、高齢者向けの施設を提供している企業を考えてみます。その施設は誰のためにあるのかと考えるのです。言い換えると、誰にとって良い施設でなければならないか、です。

少し考えると、複数の使用者がいることに気が付かれることでしょう。まずは、入居する高齢者です。次に、入居者を介護する介護者も使用者と考えられます。さらに、入居者の家族も使用者になりえます。もちろん、施設の管理者や経営者も使用者になるでしょう。入居者にとって良い施設は、自由に動き回れるかもしれませんが、必ずしも、介護者にとって良い施設ではありません。介護者にとって良い施設は、最新の介護機器が揃っているかもしれませんが、必ずしも、入居費用を負担する子ども家族にとって良い施設ではありません。入居者の家族にとって良い施設は、経済的な負担が少なくてすむかもしれませんが、必ずしも、入居者にとって良い施設ではありません。

誰にとって、良い製品であり、サービスであるべきなのでしょうか。生き残りを考える時に、とても重要なファクターになるのです。

進化は、その使用者の要求を全て満たし、その使用者の問題を全て解決した時に成功するからです。ここがずれてしまうと、時代に受け入れられることなく、時代とともに消えていくことになるのです。

誰のために進化するのかが明確になれば、次に必要なことは、自社との接点や関係を明らかにすることです。その使用者に対して、今、提供している製品やサービスは何か、その提供している製品やサービスに対する問題は何か、将来に対する期待や要求は何か、などを知ることです。

「今、提供している製品やサービスは何か」を正確に知ることは大切なことです。何が求められていて、何が求められなくなってきているのかです。使用者は、何を買い求めているのでしょうか。何に、お金を払ってくれるのでしょうか。

ここは当たり前のことかもしれませんが、ファンクションを抽出するために必要な情報ですので、正しく理解することが大切です。なんとなく分かっているというものではなく、文字化して、書き出すことをしていきます。

ファンクションの抽出方法

使用者は誰かが明確になり、その使用者と自社との接点や関係も明らかになりました。

ここでようやく、ファンクションを抽出する準備が整ったことになります。ここで改めて、私たちは、製品やサービスを提供しているという幻想から抜け出すことです。「ファンクション」とは、モノやコトの本質を表現したものです。モノやコトには、必ず達成したいファンクションがあるという前提で考えます。

ローレンス・D・マイルズ氏はこう言いました。

「人の要求や欲望は、モノやコトのためではなく、ファンクションのためである」
The needs and wants of man are not for things but for function.

ファンクションをコトバで表現すると本来の意味が限定されてしまうのですが、あえて、近い意味で言いますと、機能、効用、役割、目的、意図、理由、思惑、意味、働き、使命などが当てはまります。なんとなく、こういった類だと捉えていただければと思います。

特徴的なのは、その表現方法です。「名詞」と「他動詞」の2語で表現するというところです。名詞は具体的に、他動詞は抽象的に表現するのがコツです。他動詞とは、目的語を必要とする動詞で、表現としては《○○を○○する》というように「を」を使うと覚えておくと簡単です。

例えば、「カフェ」というビジネスを考えてみます。

カフェには、テーブルとイスがあります。音楽が流れていて、温度調整もされています。いくつかの種類の飲み物があり、注文すると飲み物を提供してくれます。

これは、モノとコトを挙げていっただけです。ここで、ファンクションを抽出し、定義するということをしていきます。モノやコトには、必ずファンクションがあるという前提です。

顧客は、モノを手に入れたいとか、コトをしてほしいのではなく、モノを手に入れることで達成したい効用があるはずだ、コトをされることで達成したい役割があるはずだと考えます。

飲み物を飲むことで、《水分を補う》効用や《喉越しを楽しむ》効果といったファンクションを達成し、イスに座ることで、《身体を休める》働きや《荷物を下ろす》狙いといったファンクションを達成したかったのです。

音楽を聞くことで、《気分を落ち着かせる》意図があり、温度調整された空間にいることで《体調を整える》思惑があるのかもしれません。

こうして、モノやコトからファンクションを抽出していきます。次のようなシートを使うと便利でしょう。

対象テーマ		
誰のため？		
どんなカタチ？		
そのファンクションは？		

ファンクション抽出シート

サービスからファンクションを抽出する

ある観光旅館のビジネスをファンクショナル・アプローチで分析したことがあります。その旅館は、昔からある温泉地にあり、東京から数時間で行くことのできるところです。今も、多くの温泉旅館があるのですが、温泉旅行に来る人は年々少なくなり、来たとしても、日帰りや立ち寄りですませる人が多く、宿泊客は激減しています。

果たして、競合相手は、隣の温泉旅館なのか、他の温泉地なのか、海外旅行なのか。そこには、消費者の経済状況やレジャースタイルの変化があります。それをどう読み取り、いかに先回りするかで、進化できるかできないかが決まるのです。

まず、考えることは、その温泉旅館が誰のためにあるのかです。この場合、宿泊客と設定しました。宿泊客にとって価値の高い温泉旅館に進化することとしました。

そして、その次に取り組まなければならないのは、宿泊客に何を提供しているかを明らかにすることです。宿泊客が体験することではなく、その体験を通して宿泊客は何を得たかったのかというファンクションを抽出することです。

ファンクションを抽出するために、説明文章を作成します。対象テーマを知らない人に説明するような文章にします。

その旅館に入ると、少人数の家族連れなのに大歓迎を受け、着物を着た方々数名に荷物を持ってもらい部屋まで案内されます。部屋には、ピカピカの座卓と肘掛け付きの座椅子があり、座卓の上にはお茶とまんじゅうが置いてあります。

担当の中居さんが現れ、改めて歓迎の意を表明していただき、館内の説明と少しの世間話をした後、深々とお辞儀をして帰られます。

早速、温泉に入りにいくために浴衣に着替え、丹前を羽織って、雪駄を履いて向かいます。手には、部屋においてあったタオルを持っています。このタオルは、自分専用で最後は持って帰ってもよいシステムです。

温泉から戻ってくると、豪華絢爛な雰囲気の食事です。キラキラした食器がやたら多く、それぞれに食べられない装飾がついています。刺し身があり、1人用の鍋があり、揚げ物、煮物、焼き物など、一通り出てきます。ご飯、味噌汁、香の物、デザートまで完璧です。

この文章から、ファンクションを抽出していきます。

「その旅館に入ると、少人数の家族連れなのに大歓迎を受け」というところから、使用者に対して《歓迎を受ける》というファンクションを提供していることになります。また、「着物を着た方々数名に」から、《着物姿を見る》というファンクションを提供しています。そして、「荷物を持ってもらい部屋まで案内されます」から、《運搬労力を減らす》と

対象テーマ	温泉旅館
誰のため？	宿泊客
どんなカタチ？	

　その旅館に入ると、少人数の家族連れなのに大歓迎を受け、着物を着た方々数名に荷物を持ってもらい部屋まで案内されます。部屋には、ピカピカの座卓と肘掛け付きの座椅子があり、座卓の上にはお茶とまんじゅうが置いてあります。

　担当の中居さんが現れ、改めて歓迎の意を表明していただき、館内の説明と少しの世間話をした後、深々とお辞儀をして帰られます。

　早速、温泉に入りにいくために浴衣に着替え、丹前を羽織って、雪駄を履いて向かいます。手には、部屋においてあったタオルをもっています。このタオルは、自分専用で最後は持って帰ってもよいシステムです。

　温泉から戻ってくると、豪華絢爛な雰囲気の食事です。キラキラした食器がやたら多く、それぞれに食べられない装飾がついています。刺し身があり、１人用の鍋があり、揚げ物、煮物、焼き物など、一通り出てきます。ご飯、味噌汁、香の物、デザートまで完璧です。

そのファンクションは？		
歓迎を受ける	着物姿を見る	運搬労力を減らす
上質感を感じる	上顧客感を味わう	空腹を満たす
渇きを癒やす	味覚を刺激する	旅の疲れを休める
丁寧な扱いを感じる	期待を高める	緊張を和らげる
不安を除く	衣服を変える	気分を変える
身体を癒やす	高揚感を刺激する	感動を味わう
驚きを感じる	非日常を感じる	過剰さを見る
贅沢さを知る	優越感を感じる	

ファンクション抽出シート

いうファンクションを提供しています。

つまり、この部分で温泉旅館が使用者に提供しているファンクションは、《歓迎を受ける》《着物姿を見る》《運搬労力を減らす》です。

このように、ファンクションを1つずつ抽出していきます。ポイントは、使用者の立場で定義することです。使用者は、《歓迎を受ける》《着物姿を見る》《運搬労力を減らす》に対して、費用を支払っているからです。その一つひとつに価値があるかどうかが、全て、評価に繋がっていくからです。

すべての文章からファンクションを抽出して、結果を先ほどのシートに纏めます。

最強の分析ツール「FASTダイアグラム」

企業や事業は何のためにあるべきか

抽出したファンクションは、手段に近いところばかりです。ここから、進化するには不十分です。抽出したのは、あくまで進化するための入り口にすぎません。

この次に行うことは、企業や事業が何のためにあるのかを探求していく作業です。より上位のファンクションを探求していきます。上位のファンクションになればなるほど、カタチの世界から離れていくことができます。本質に近づいていくことができるのです。はじめは、当たり前のファンクションだったものが、進めるに従って、本当に使用者が求めているファンクションに到達します。その分析ができると、先入観や固定観念にとらわれることなく、進化すべき未来が見えてくるのです。

そのために、開発されたテクニックが「ＦＡＳＴダイアグラム」です。

FASTダイアグラムとは

「ＦＡＳＴ」とは、ファンクション・アナリシス・システム・テクニックの頭文字です。ファンクショナル・アプローチのために開発され、多くのロジックツリーに影響を与えたテクニックです。チャールズ・Ｗ・バイザウェイ氏が開発し、１９６５年に発表されました[39]。

ＦＡＳＴを使って作られた図のことを、「ＦＡＳＴダイアグラム」と言い、その後多くの人が追加や改良を加え、いろいろなバリエーションが生まれています。ファンクショナル・アプローチの実施手順の分析段階で活用されるものです。

基本的なロジックは、「目的―手段」です。個々の要素を目的―手段の関係で繋げていき、1つの大きなツリーを作ります。詳細な作り方は、『ワンランク上の問題解決の技術《実践編》視点を変えるファンクショナル・アプローチのすすめ』（横田尚哉・著）[29]に掲載していますので、ここでは簡単に説明しておきます。

まず、全体的な見方です。右から左に向かって読んでいくと、目的を追求していく方向となります。「何のため？」の答えになるような繋がりです。逆に、左から右に向かって読んでいくと、手段を展開していく方向となります。「どうやって？」の答えになるような繋がりです。

繋げる要素は、「ファンクション」と呼ばれる本質、役割、効用、効果、働きなどと

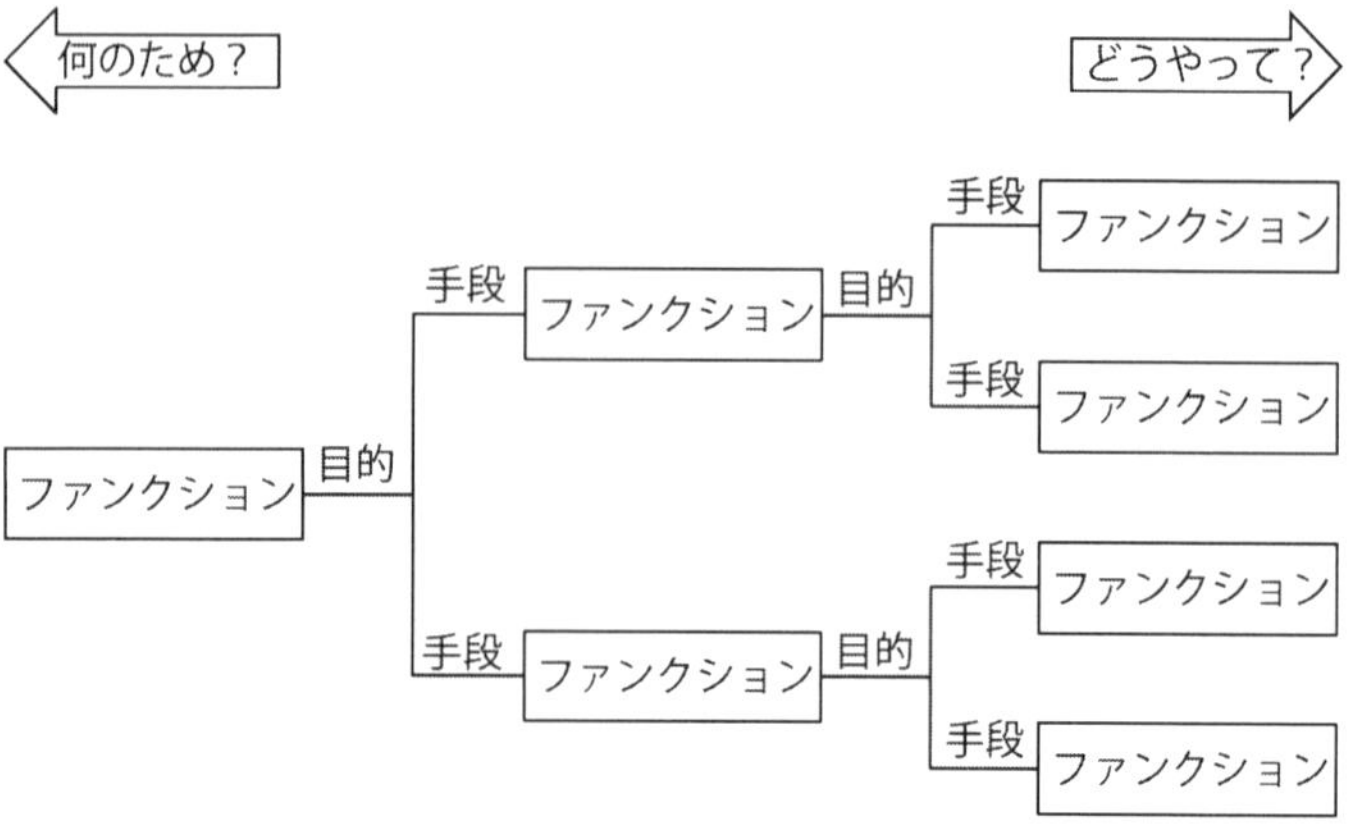

ＦＡＳＴダイアグラムの基本構造

いったものを表現したコトバです。あるファンクションは、見る方向によっては目的ともなり、手段ともなります。「手段が目的化する」と言いますが、これは、近視眼的な見方をすると本来の目的が見えなくなるということで、FASTダイアグラムにすると理解しやすくなります。

この他にも、3つ目のロジックがあるもの、繋げ方が複雑になったもの、記号を使って表現力を高めたもの、エリア分けや表による評価などが付け加えられたものなどがあります。

ここでは、最も単純でありながら、効果的なバリエーションを紹介したいと思います。

FASTダイアグラムの作成方法

定義したファンクションを、FASTのロジックに従ってFASTダイアグラムを作成していきます。あるファンクションの目的を「何のため?」と問いかけながら、繋げていきます。

ここで、間違って「なぜ?」と問いかけてしまうと、原因を追究することとなり、どんどん広がってしまい、違うロジックツリーができてしまいます。結構、勘違いする人も多いので、ここは「何のため?」という問いかけを続けてください。

温泉旅館の例で、見ていきましょう。

抽出したファンクション、《歓迎を受ける》に質問します。「使用者は、何のために《歓迎を受ける》のか？」です。使用者は、《歓迎を受ける》行為を求めていたのではなく、《歓迎を受ける》行為で達成したかった上位のファンクションがあるはずだと考えます。

例えば、その答えを《上顧客感を味わう》ためとしましょう。答えが決まったらその次に、再び問いかけます。「使用者は、何のために《上顧客感を味わう》のか？」です。その答えを使用者の立場になって探求します。例えばその答えを《優越感を抱く》ためとしましょう。

このように繰り返し、「何のため？」と問いかけていきます。そうすると、使用者が本当に達成したかったのは、《歓迎を受ける》行為ではなく、《優越感を抱く》コトとなります。《優越感を抱く》コトができれば、必ずしも《歓迎を受ける》コトが必要ではないということです。も

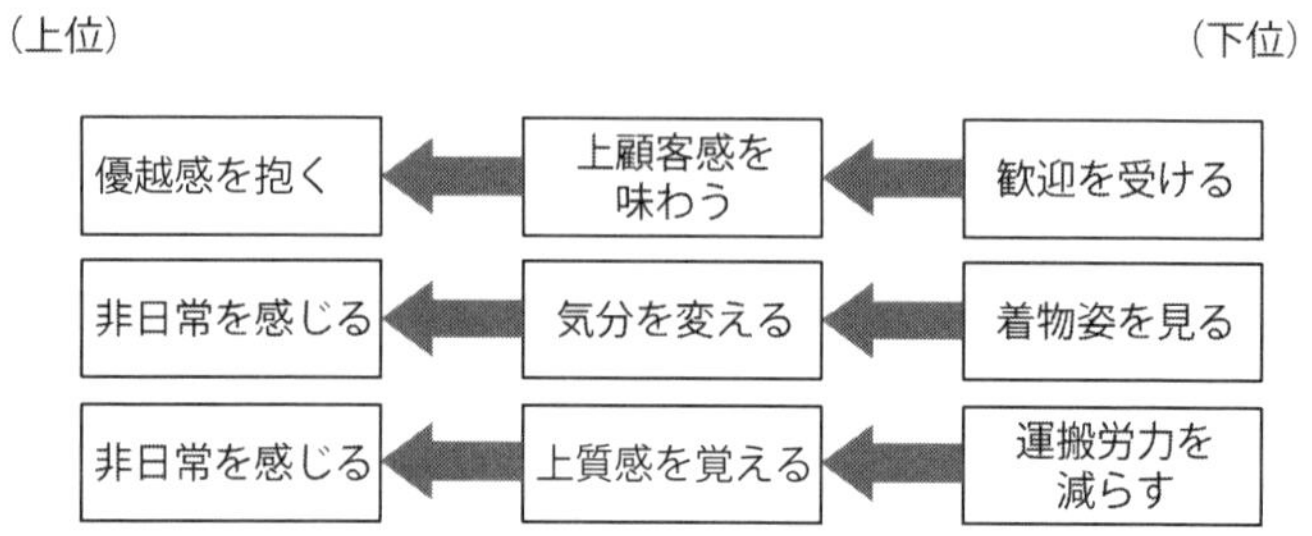

上位のファンクションを探求

し、他に《優越感を抱く》手段が見つかれば、それでも顧客は満足するということです。

　これが、目的探求の基本です。抽出したファンクション全てに対して、目的を探求していきます。

《着物姿を見る》のは何のためかというと、それは、《気分を変える》ためです。《気分を変える》のは何のためかというと、それは《非日常を感じる》ためです。《運搬労力を減らす》のは何のためかというと、それは《上質感を覚える》ためです。《上質感を覚える》のは何のためかというと、それは《非日常を感じる》ためです。と、このような具合です。


　進めるに従って、同じファンクションが上位に来ることが出てきます。それは、正しいことです。目的が収束していくということです。最終的には1つの最も上位の目的にたどり着くはずです。それを、最上位ファンクションと言います。

　これで、1つのツリーが出来上がり、目的と手段の連鎖ができているはずです。これを見ることで、どこに問題があるのか、どれを改善すると効果的なのか、どの部分に進化の糸口があるのか、などが読み取れます。

　この温泉旅館の使用者にとって、本当にしたいことは、《身体を癒やし》《上質感を覚え》《優越感を抱き》《感動を味わい》《気分を変える》コトなのです。それらを全て達成

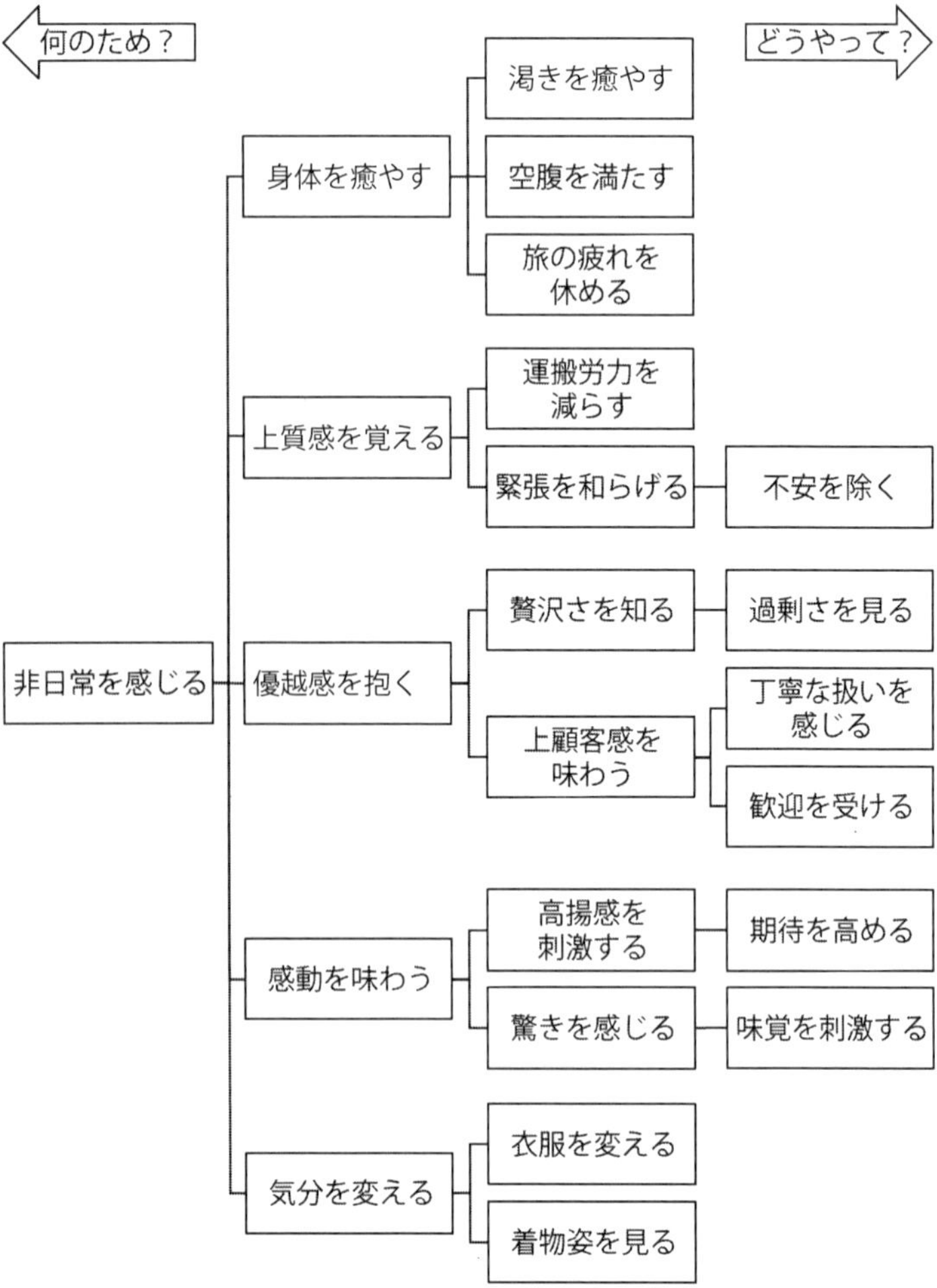
何のため？
どうやって？
非日常を感じる
身体を癒やす
渇きを癒やす
空腹を満たす
旅の疲れを休める
上質感を覚える
運搬労力を減らす
緊張を和らげる
不安を除く
優越感を抱く
贅沢さを知る
過剰さを見る
上顧客感を味わう
丁寧な扱いを感じる
歓迎を受ける
感動を味わう
高揚感を刺激する
期待を高める
驚きを感じる
味覚を刺激する
気分を変える
衣服を変える
着物姿を見る

することで、《非日常を感じる》コトをしたかったということです。

説明のために簡単な例で説明してきましたが、もし、この温泉旅館の宿泊客が減少しているとすれば、どこかのファンクションの達成が低くなっているということです。そこを突き詰めていき、別の手段に切り替えていくのです。

達成すべき目的をブレないようにしっかり押さえ、手段のほうを変えていくのです。これができれば、時代の変化に合わせて、事業を進化させていくことが出来るのです。

弊社のFASTダイアグラムも作成してみました。本当はもっと複雑なのですが、分かりやすいようにシンプルにしております。

企業から呼ばれて、ノウハウをお伝えするのは、《FA環境を整える》目的です。そうすれば、《FA適用を増やす》効果が生まれるからです。逆に言えば、《FA適用を増やす》コトのできない《FA環境を整える》やり方は、顧客のためになっていないということです。

また、毎年、国内外の大会に参加して、研究発表や人材交流をしているのは、《FA研究を進める》狙いです。そうすれば、《FA技術を高める》使命を達成できるからです。逆に言えば、《FA技術を高める》コトができない《FA研究を進める》方法は、失敗だ

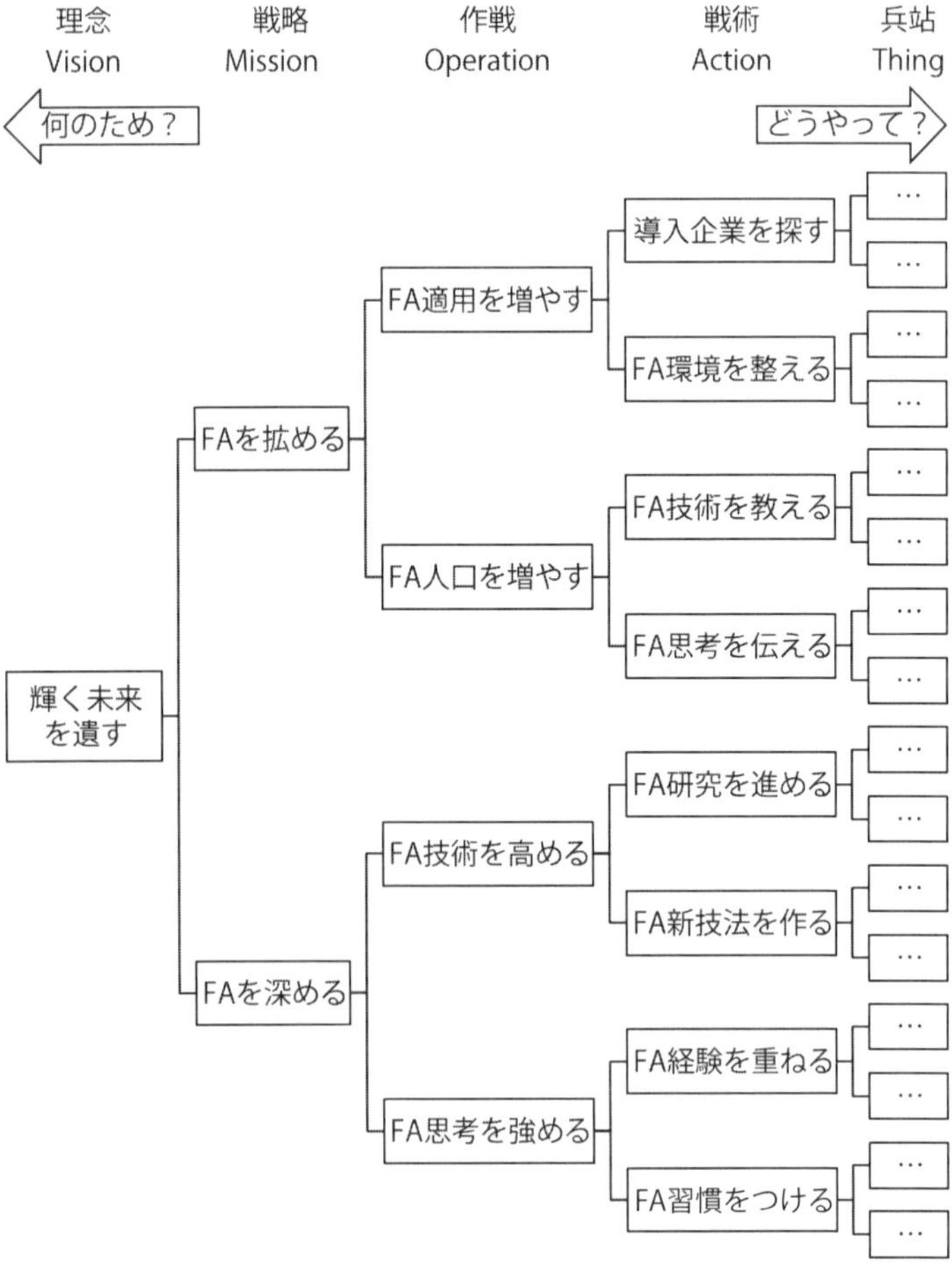

ＦＡ：ファンクショナル・アプローチ

「ファンクショナル・アプローチ研究所」ＦＡＳＴダイアグラム

ということです。

そして、FASTダイアグラムの最上位ファンクションを「ビジョン」と読み替えることができます。下位（右）に行くに従って、「戦略」「作戦」「戦術」「兵站《へいたん》」と読んでいくと、企業そのものの、事業そのものの分析になるということです。

私たちが本当にすべきことは、モノやコトを提供することではなく、ファンクションを達成してもらうことなのです。これが、理解できていないと、今のやり方を手放し、新たな未来に向かって進化していくことはできません。手放した瞬間、顧客は離れていくことでしょう。

ファンクショナル・アプローチから見えること

リソースをファンクションで再集計

ＦＡＳＴダイアグラムができることで、モノやコトからではなく、本質からの分析が可能になってきます。特に、コストや時間や設備といったリソースの再集計は、今までの感覚に囚われずに見ることができます。

私たちは、どうしても普段の感覚でモノやコトを見てしまいます。過去と比較し、他社と比較し、差分や比率による相対的な評価をしようとします。それ自体、間違ったことではありませんが、新しい世界に出ていこうとする時には、まったく役に立たないことは、もう説明するまでもないと思います。

だから、ファンクショナル・アプローチでリソースを再集計するのです。再集計する時の考え方は、モノやコト単位の集計を、ファンクション単位に変えることです。

もう少し付け加えるとすれば、ファンクションの達成にどれだけのリソースが費やされているかを明確にしていく作業です。

これは、同じものを異なる角度から見ることになります。同じ方向からでは分からな

固定観念による見え方の違いが分かる地図

かったことが見えてくるということです。

例えば、地図がいい例です。私たちが見ている世界地図は、ほとんどがメルカトル図法により作成されたものです。いざ違う図法で書かれた地図を見ると、日本を探すことも難しくなります。上の図をご覧ください。日本がすぐに見つかったでしょうか。

このような地図を見ていると、世界観が変わって見えてくる人もいるでしょう。そこから、アジアにおける日本のポジションに新鮮な感覚を感じる人もいることでしょう。

それが、ファンクショナル・アプローチの効果です。毎日見ている数値と異なる数値を見ることとは、先入観や固定観念から解放されるということです。

もちろん、毎日同じ数値を見ることがいけないと言っていません。定点観測をしているから、僅かな変化や兆候に気がつくものです。先入観や固定観念を利用したチェックシステムも必要です。

ファンクショナル・アプローチでは、リソースの再集計は次のように行います。

まず、カタチ別の集計を整理します。この時の集計は、普段扱っているまとまり単位で構いません。先入観や固定観念で利用しているまとまりです。このまとまりは、ある程度分けておいたほうがよいです。なぜなら、それぞれのカタチの役割が複雑にならないためです。このまとまりを「構成要素」と言います。

温泉旅館のサービスで言えば、構成要素は「接客」「風呂」「食事」といったまとまりになるでしょう。普段は、このまとまりでサー

ファンクション ＼ カタチ	身体を癒やす	上質感を覚える	優越感を抱く	感動を味わう		カタチ別の合計
接客		30％ 900円	50％ 1,500円			3,000円
風呂	60％ 4,200円	5％ 350円	25％ 1,750円			7,000円
食事		15％ 2,700円	60％ 10,800円	15％ 2,700円		18,000円
ファンクション別の合計	9,200円	7,100円	24,350円	6,300円		50,000円

リソースをカタチ別からファンクション別に再集計

ビスを区分し、それぞれに掛けている費用を把握しているからです。

次に行うのが、カタチとファンクションの関係性です。あるカタチが、どのファンクションに関係しているかを紐付けていきます。この関係性は、直接的な関係から間接的な関係まで、その程度はいろいろです。それらを数値で表現していきます。

この時に関係づけるファンクションは、FASTダイアグラムを見ながら、どこかのキーとなるファンクションを設定し、そのファンクションの達成との関係を紐付けていきます。この時設定したファンクションを、「キー・ファンクション」と言います。

温泉龍館のFASTで言えば、《身体を癒やす》《上質感を覚える》《優越感を抱く》《感動を味わう》《気分を変える》の5つのキー・ファンクションが設定できます。

そうすると、構成要素とキー・ファンクションのマトリックスが出来上がります。このマトリックスを使って、関係性の印を付けていきます。例えば、「接客サービス」は、《上質感を覚える》コトと《優越感を抱く》コトに関係していると判断したら、三角印を付けます。

そして、紐付けされた関係性を元に、リソースを配分していきます。明確な根拠があるにこしたことはありませんが、ない場合もあります。その時は、チームメンバーの主観を使って最適な数値を設定することとなります。

例えば、「貢献度評価による配賦」という技法があります。配賦の足掛かりを貢献度で行おうと言うものです。「接客サービスは、どのキー・ファンクションに何パーセント貢献しているか」と問いかけます。

《上質感を覚える》に30％、《優越感を抱く》に50％などと決まれば、そのパーセンテージを書いていきます。後は、接客費用を掛けていけば、それぞれが金額になります。

最後に、それぞれの金額をキー・ファンクション別に足しあわせていきます。これで、カタチ別のリソース量（横集計の合計額）は、キー・ファンクション別のリソース量（縦集計の合計額）に再集計されました。当然、横集計でも縦集計でも、合計は同じ数値になるはずです。

理想的なリソース設計、それが戦略

再集計したキー・ファンクション別のリソースは、あくまで現行の手段に投入しているリソースであることに変わりはありません。これまでの経験上で扱ってこなかった、先入観や固定観念に影響を受けない数値ですが、逆に、優劣の判断もできません。何かの基準がないと、改善する必要があるのか、改善する必要がないのかが分かりません。

そこで、理想的なリソースの設計が必要となります。本来の理想から設定するので、ここに経営上の戦略が必要となります。

どこにリソースをかけ、どこのリソースを減らすのかを戦略的に設定することです。決して、カタチに戻って判断してしまわないように、キー・ファンクションの達成からリソースの配分を決めていきます。

この作業には、設定に曖昧さが残り，主観が入り込むため、多くのテクニックが研究されています。実際、私が行う時でも、いつも決まって用いるような万能なテクニックはなく、その時々に応じて選択しています。

経営上の理由から決定する場合、顧客の状況から決定する場合、社内の環境から決定する場合、競合との関係から決定する場合などがあります。それらの中から、時には複数の考え方を考慮して決定しなければならない時もあります。

ここで重要なのが、誰の立場で設定するかです。「企業は誰のためにあるか」「事業は誰のためにあるか」が明確になっていなければなりません。その立場から、あるべきリソースの設定をすることです。

例えば、顧客の状況から決定する場合を説明してみましょう。今の顧客がどのような価値観を持ち、どのような世界観を感じながら、どのような感覚や行動をしているかを足がかりにしていきます。

ここで注意が必要なのは、今の顧客は、今の製品やサービスしか経験していないということです。モノやコトで捉えるのではなく、ファンクションで捉えることです。なぜなら、顧客は、モノやコトを求めているのではなく、ファンクションの達成を望んでいるからです。

ヘンリー・フォード氏の名言とされている次の言葉は有名です。

「もし私が顧客に望みを聞いていたら、彼らはもっと速い馬が欲しいと言っただろう」
If I had asked my customers what they wanted, they would have said a faster horses.

この言葉が伝えたいコトは、企業の進化するべき方向は、今の顧客が期待している未来ではないということです。顧客が向かう方向は、まさに新しい進化に必要な発想です。

では、顧客の感覚をどのように数値化するかというと、例えば重要度を用います。重要と感じるファンクションほど、多くのリソースをかけていき、あまり重要でないと感じるファンクションほど、リソースを減らしていくという方法を使います。

もちろん、重要度とリソースに因果関係があるという前提で考えているものであり、因果関係のない場合は、別のテクニックを用いる必要があります。

キー・ファンクションに対する重要度を数値化し、その比率と同じ比率でリソースを配分することで、各ファンクションの基準値を設定しようというものです。

ファンクションは顧客に届いているか

キー・ファンクション別に現行のリソースの投下量と基準となる投下量が数値化されました。同時に、そのリソースでどの程度のファンクションを達成しているのかを数値化します。

ファンクションの達成とは、そのファンクションがどこまでの水準で提供され、どの程度顧客に届いているかです。言ってみれば、ファンクションのパフォーマンスを測定することです。そして、本来のあるべき水準も設

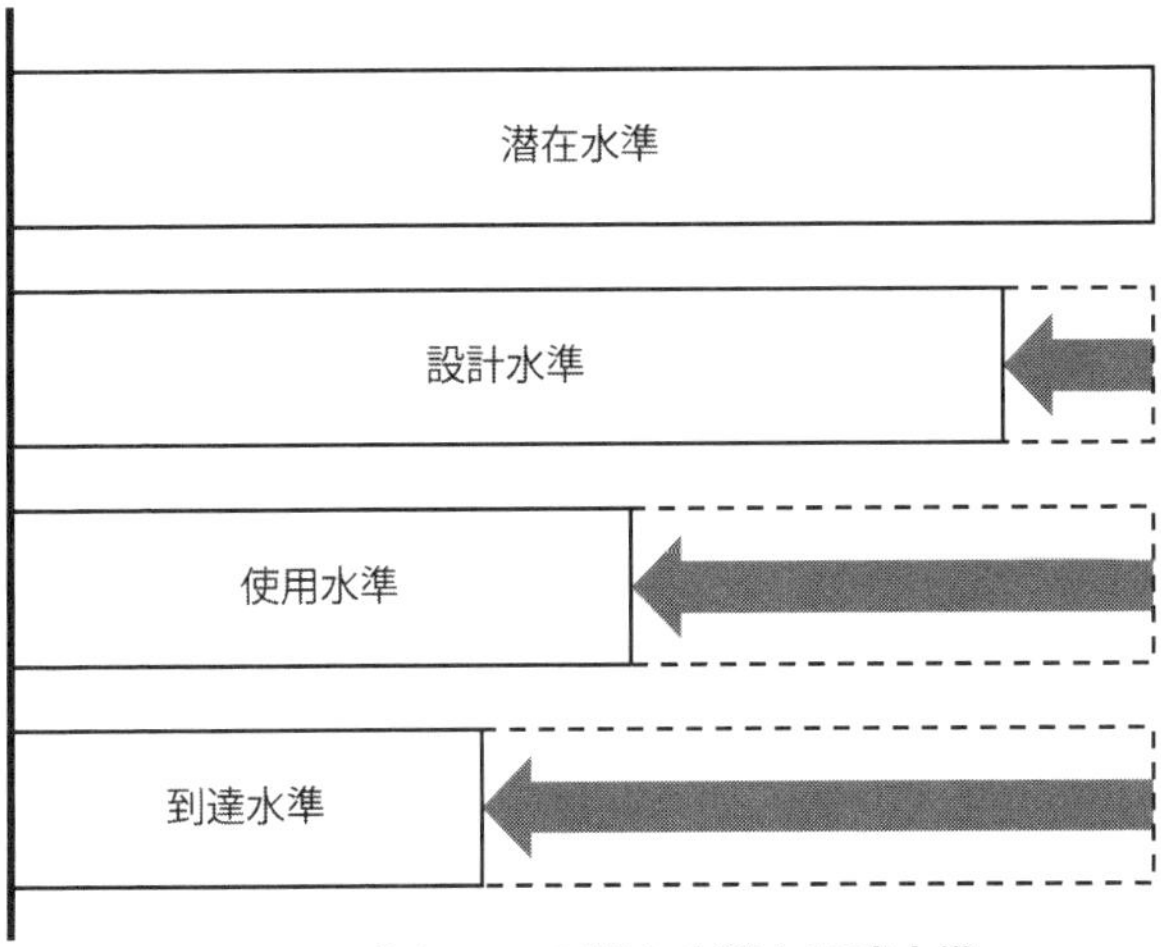

ファンクションの潜在水準と到達水準

定します。顧客が望んでいる水準はどこまでなのかを、数値化するということです。

ここで注意することは、いくら高い水準を提供できるモノやコトでも、顧客がそれを利用し、役に立ったかどうかは別です。よかれと思って高品質の製品やサービスを提供しても、顧客に届かなければ、提供者の自己満足に終わるだけです。

いくら速く走れる自動車だからといって、そのファンクションが顧客に到達しているかどうかは別だということです。例えば、潜在的には時速300㎞まで出せる車を考えてみてください。その車は、スピードメーターを時速260㎞までに設計してあるのですが、日本では時速100㎞を超えて走ってもよい公道はありません。まして、街乗りであれば、出せても時速40㎞でしょう。

温泉旅館の例で言えば、《身体を癒やす》がどの程度、顧客に届いているかです。《上質感を覚える》がどの程度、感じてもらえているかです。すごく《身体を癒やす》コトのできる風呂を作っても、実際に顧客の身体を癒やせたかどうかは別だということです。いくら《上質感を覚える》ように振る舞ったつもりでも、実際に顧客が感じたかどうかは別だということです。

リソースの数値化と同様、ファンクションの数値化もしていきます。現行の水準と理想とする水準を設定するのです。この２つがあって初めて、ファンクションを評価できるのです。

なぜなら、これらの４つの数値を同時に扱うことのできる仕組みがない企業が多いからです。

多くの企業では、これらの設定、管理、評価する部門がバラバラなのです。リソースの目標量は開発部門が決め、リソースの現行量は原価管理部門が管理し、ファンクションの目標水準は営業部門が決め、ファンクションの現行水準は品質管理部門が評価するといった具合です。

これでは、企業が進化できないのは当たり前なのです。

改善点はこうすれば浮かんでくる

これら４つの数値を、アプローチ・チャートにプロットすると、改善点が浮かんできます。

アプローチ・チャートとは、価値の基本式（V＝F／C）をグラフで表現したものです。横軸にC（リソースの量）、縦軸にF（ファンクションの水準）としたグラフです。右下に行けば行くほど、価値が低いことを示し、左上に行けば行くほど、価値が高いことを示します。

　これを使って、全てのファンクションをプロットします。プロットといっても、現行の点から理想の点に向かう矢印を描くようにプロットしていきます。現行の点とは、リソースの現行量とファンクションの現行水準で求められる点です。理想の点とは、リソースの理想量とファンクションの理想水準で求められる点です。

　この矢印の向きが、アプローチの方向を示します。海から陸に向かうのか、空に向かうのか、進化の方向性を示しているようなものです。

　そして、この矢印の長さが、進化の大きさを示します。長い矢印になればなるほど、大きな進化をしなければならないことを示します。

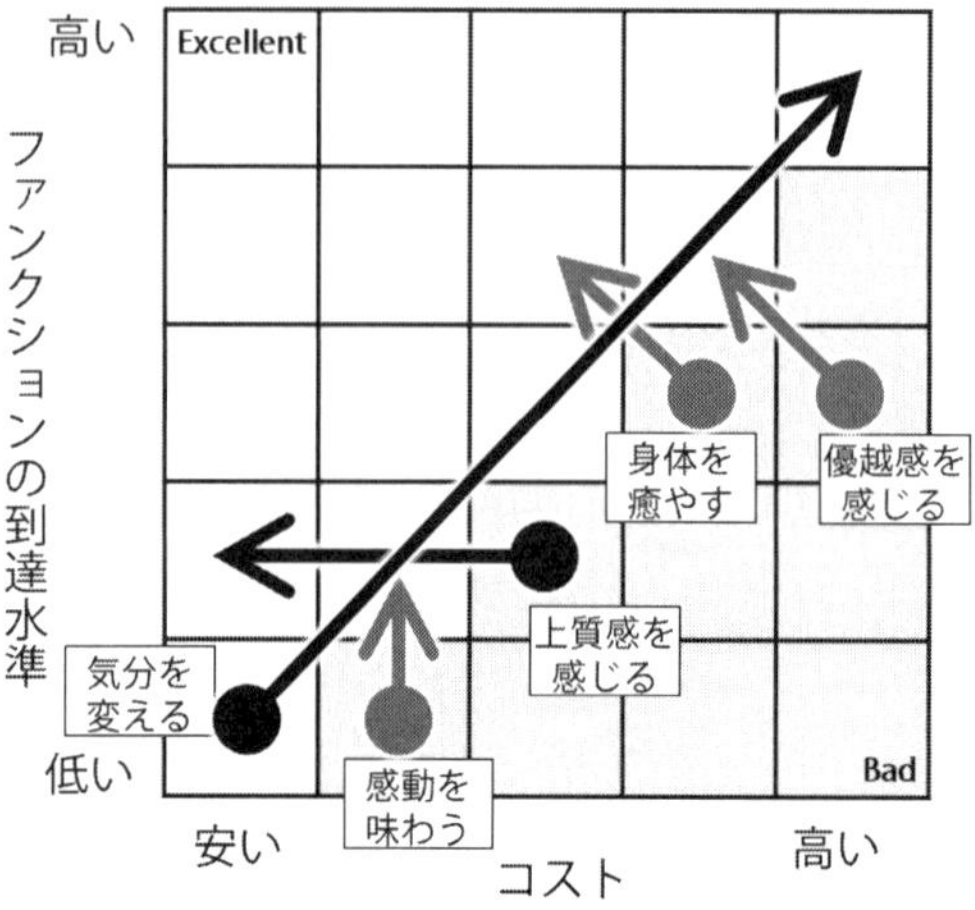

アプローチ・チャートで進化の方向を知る

温泉旅館のキー・ファンクションをプロットしてみました。そうすると《気分を変える》の矢印がとても大きいことが分かります。つまり、顧客にとって今は、《優越感を抱く》よりも《気分を変える》コトを望んでいるということです。昔と今では、ウエイトが変化してきているということです。そして、《上質感を覚える》コトは、ほとんど重要視されていないということです。

この温泉旅館は、想定している宿泊客に対して、いかに《気分を変える》効果の高い施設に進化できるかということです。そこに、アイデアを集中して、新しい手段を見つける努力をするべきだということです。

この分析で分かることは、進化の方向を知ることです。進化する方向を間違えないことです。闇雲に四方八方に進化を試みていては、リソースが足りなくなるばかりか、顧客からの信頼がなくなってしまいます。しっかりと、方向を定めて進むべきなのです。

第5章

いつまでも進化し生き残る法則

進化に失敗しないための3つの禁則

禁則1　過去を否定しない

進化する時に大切なことがあります。それは、過去を否定しないということです。私は、このことを、事ある毎に関係者に話しています。どうしても、進化する時、より良い手段が見つかるわけですから、今やっているコトや過去のモノを否定したくなってしまうものです。

今までやってきた手段を別の手段に変える時には、次の3つの理由があります。

【是正】今までのやり方が間違っていた
【調整】今までのやり方の前提が変わった
【改善】もっと良いやり方が見つかった

進化は、改善による変更です。是正による変更ではないのです。是正による変更と捉えることは、どこかに原因があって、誰か犯人がいるということになります。そうなると、責任者が原因だ、担当者が犯人だとなるのです。そうではありません。調整による変更もそうです。前提が変わっているのですから、犯人は存在しません。今までのやり方は、決定した時点での最適解でしかありません。

発明王、トーマス・エジソン氏は、こう言いました。

「いつもあるのは、より良い方法である」There is always a better way.

すなわち、私たちがベストだと思っている方法は、その瞬間でのことであって、次の時代でもベストということはありえないということです。永遠にベストであるという方法は存在せず、必ずもっと良い方法があるはずだとも言えます。だから、諦めないで、その方法を見つけ出すまで努力するべきだと、私は理解しています。

また、あるクライアントにファンクショナル・アプローチによる提案をしていた時、過去の決定を否定されたと感じたのか、提案を拒絶する意見が出されました。その時、クライアントのもう一人がこう言いました。

「10年前、10人に聞いて9人がイエスと言った方法でも、今、同じ10人に聞いても9人がノーということもある。時代は変わっている。この方法を知った今、あなたはどちらを選ぶべきと考えるのか」

その人はそれ以上反対することはなく、提案は採用されていきました。

禁則２　部分最適を考えない

大企業、老舗企業ほど進化できません。なぜなら、組織構造が複雑になっていることが多いからです。そういう企業がどうして進化できないかというと、部分最適がしやすく、全体最適がしにくい構造だからです。

それは、第2世代に出来上がった「仕組み」が残っているからです。仕掛けが成功し、ビジネスが好調な時に構築した仕組みが、進化を阻んでいるのです。多量生産できる仕組み、誰でもできる仕組みは、第3世代の経営力に悪影響を与えているのです。

なぜなら、仕組みはオペレイションであり、進化を嫌うのです。いつでも、誰でも、どんな状況でも、変わらず成果が生み出せるような仕組みです。品質の劣化、効率の後退を阻止するためにつくりだした仕組みは、変わりにくく、変えにくくなっているのです。

業務は細分され、権限も細分され、縦に幾層にもなった組織組みは、複雑な承認システムが出来上がっています。主観性を排除し、複数人での合議制で決定するようになっています。注意義務が与えられ、ネガティブな意見を積極的に発言しなければなりません。

この中でできることは、部分最適のみです。その組織に与えられた、権限範囲と責任範囲だけしか変えることができません。その範囲を超えるようなことのできないシステムなのです。

表面上は、全体最適のための提案を受け入れるシステムがあるように見えても、実際には、採用に至るまでの充分な論理と根拠の準備、誰にでも分かるようにしなければならない資料づくり、全ての人の意見を反映した資料であり、ほぼ全員が納得できる説得力が必要となります。

これでは、実務をしている人には、当然、利用できるシステムではなく、焼き物の犬、素焼きの鶏のごとく、まったく役に立たない無用の長物なわけです。

第3世代の今、必要なのは全体最適です。もう、部分的な変更をしている程度では、生き残っていくことは難しいのです。時代との乖離《かいり》を感じているのならなおさらです。

その時、受け入れなければならないことは、「部分不適にして、全体最適あり」ということです。全体最適を目指すためには、部分的に見ると不適な状態になっているということです。ある部分が犠牲になったり、解体したりする必要があるということです。むしろ、全ての組織の意識を、全体最適に揃え、各組織がどこまで不適な状態を許容できるかということです。

今の状態を変えることに抵抗したり、躊躇したりすることは、進化できないことを意味しています。進化するためには、一度、今の状態を思い切ってかき回す必要があるのです。例えて言うなら、真っ白な小麦ときれいな卵を思い切って混ぜない限り、パンケーキは食べられないということです。

禁則3　1人で行わない

ファンクショナル・アプローチ・プロジェクトは、チームデザインで行います。1人で行ったり、複数で作業分担したりするような進め方はしません。チームデザインにこだわっています。

何のためにチームデザインで行うかというと、クリエイティブな作業ならではの独特の効用を得るためです。オペレイティブな作業とは異なる役割があるからです。

【分野拡大】経験と知識を増やす
【主観補正】主観による作業の欠点を補う
【誘発効果】スパークを起こさせる

より新しい手段を見つけるためには、扱える分野を拡大する必要があります。もしかしたら、今まで扱ってきた分野とまったく異なる分野にヒントがあり、進むべき道があるかもしれません。いろいろな経験と知識をもった複数のメンバーが集まり、チームデザインで行うということは、分野拡大に大きな効用を生み出します。

より優れた手段を見つけるためには、先入観や固定観念の影響を受けず、個人的な主観に流されないことが大切です。しかし、客観的に判断できない創造的な活動は、どうしても主観で判断していかなければなりません。主観は、その人の経験と知識によって生まれます。だから、チームメンバーの主観を重ねあわせることで、それぞれの主観を補正することができます。

より創造的な手段を見つけるためには、より多くの刺激とより自由な雰囲気が求められます。それができているチームでは、アイデアの数は人数に比例せず、２乗、３乗と出てきます。質よりも量が必要な創造作業では、チームデザインが求められます。チームデザインで発想をスパークさせることで、普段では出てこないようなアイデアが手に入るのです。

もちろん、人数がいるからチームデザインができるというものでもありません。組織心理学で言えば、チームの生産性は、潜在的なチームの生産性に、プロセス・ゲインを足し、プロセス・ロスを引いた式で表せます[40]。

　プロセス・ゲインとは、高め合い、学び合い、相乗効果などによるパフォーマンスの増加分であり、プロセス・ロスは、慣れ合い、依存性の蔓延、発言の遠慮などによるパフォーマンスの減少分です。

　したがって、チームデザインは、チームの運営がうまくいっていることが前提であり、プロセス・ゲインの最大化とプロセス・ロスの最小化のための努力が必要です。そのために、チーム・ファシリテーション、リーダーシップ、組み合わせ、がとても重要になります。

チームの生産性	=	潜在的なチームの生産性	+	プロセス・ゲイン	−	プロセス・ロス
		チームの人数 個人の能力 個人のやる気		相乗効果 学び合い 相互刺激 情報の追加 客観的評価 問題の解決 高め合い 周囲の反応 意見交換		個人の埋没 負の伝染 緊迫感の欠如 馴れ合い 多数決優先 衝突への回避 注意力散漫 依存性の蔓延 発言の遠慮 不完全な情報 曖昧な言語

チームの生産性の方程式

進化力を高める時に必要な3つの条件

進化力を高める時は、次の3つの条件が揃っていることが大切です。この3つのどれか1つでもかけている場合、導入がうまくいかなくなるでしょう。

条件1　外部依存ではなく内部成長で

進化力は、内部成長で行うことが条件にならなければなりません。その企業の内部にファンクショナル・アプローチのシステムを構築することです。企業の従業員がスキルを身につけ、企業の中で実行されていくことを考えていくべきです。

なぜなら、進化力は短期的に必要なものではなく、長期的に活用していくものであるからです。継続性をもって進化力を高めることが重要です。

外部に依存した進化だと、企業として、真に進化力を高めたことにはなりません。外部からの支援がなくなった途端、進化が停止します。初めは、外部の支援を利用してもよいですが、進化力自体は、内部で保有していくべきなのです。

私自身、外部支援者としてコンサルタントをしていながら、こんなことを言うのも変なのですが、私たちに頼らないで、自らの力で進化できるようになっていただきたいのです。

あるクライアントで、外部依存で進化しようとされていたところがありました。内部成長を勧めたのですが、今の状況さえ乗り越えることができればいいというお考えでした。提案そのものはできたのですが、おそらく次の時代にもまた、誰かの助けを求めないと進化できなくなることになるでしょう。

条件2　ボトムアップではなくトップダウンで

進化力を高める時は、トップダウンで行うことが条件です。トップは、その権限により進化力を高めることを決定し、自らが主導的に進化力の向上に関わり、全ての責任を取る覚悟でなければなりません。

なぜなら、進化は、組織や担当で分かれてしまった、責任と権限の範囲をはるかに超えるくらい大きな変更を伴うからです。企業全体に関わることだからです。

ボトムアップで進化力を高めようとすると失敗します。トップにたどり着くまでに多くの中間管理者が、自分の責任と権限の範囲で判断を下してしまうからです。1つずつ上がっていくためには、時間とコスト、そして精神的ストレスが伴います。

ミドルからのアップ・アンド・ダウンはありえます。ただし、トップとの密なコミュニケーションが可能であり、トップの意思を預かって行うものでなければなりません。

ある人事部長を中心に導入するクライアントがありました。社内の人材育成プログラムの中で、ファンクショナル・アプローチを創造スキルとして身につけさせ、企業全体の進化力を高めていきたいというものでした。

その人事部長は、社長と密にミーティングを行い、トップの意思を引き継いで実行されました。その結果、短期的に進化力を高めることができました。全社的に人を集め、それまでバラバラだった組織と組織、人と人を結びつけ、一気に進化していただきました。

その時その人事部長から言われたコトバが今も印象に残っています。

「私が何年もかかってできなかったことを、たった4日でできるとは。参りました」と。

条件3　テイクオフではなくスカイロケットで

進化力を高める時は、スカイロケットで行うことが条件です。進化力を高め始める時点から、躊躇なく、一気に活動するべきという意味です。部分的に高めようとか、段階的に高めようというのではなかなか高められません。

なぜなら、長年やり続けてきた過去のやり方は根深く、社内では常識となっており、固定観念という強力な重力に引っ張られているようなものです。そこから逃れ、無重力空間に飛び出すためには、スカイロケットが発射するように行動しなければならないということです。

それを、飛行機のテイクオフのようなやり方で行おうとすると、重力に引っ張られ、元の地上に戻ってしまいます。どんなに長く頑張ったとしても、重力場を逃れ、宇宙空間に出て行くことはできません。そのうち燃料が切れ、地上に真っ逆さまです。

新しい時代に適用させるための推進力を、どのように使えば進化ができるのかということです。水平方向に噴射し、徐々にエネルギーを上げ、少しずつ高度を上げていくのではないのです。重力と逆らった方向に、一気にエネルギーを放出し、素早く高度を上げていくことなのです。

約4000人の従業員のいるクライアントから依頼があった時、200人ずつの研修を15回行い、全体の70%以上を巻き込んで行ったことがあります。そこまでしてようやく、進化の時が来ているという意識になれるのです。とても大変な作業ですが、一気にやらないと全ての努力が無駄になってしまいます。

進化し続けるための４つの柱

企業からファンクショナル・アプローチを活用したいという依頼があった時、その企業の中に４つの柱を作っていただいています。それは、「人材づくり」「組織づくり」「仕組みづくり」「風土づくり」です。

この柱がしっかり作られることで、「実績づくり」が可能なのです。この４つの柱をバランスよく、その企業に合わせて作り上げることができると、いつの時代でもその環境に適合していける企業になり、生き残ることができるのです。

柱１　人材づくり

継続的に進化していくためには、優秀で創造的な人材を育てる必要があります。先入観や固定観念にとらわれるこ

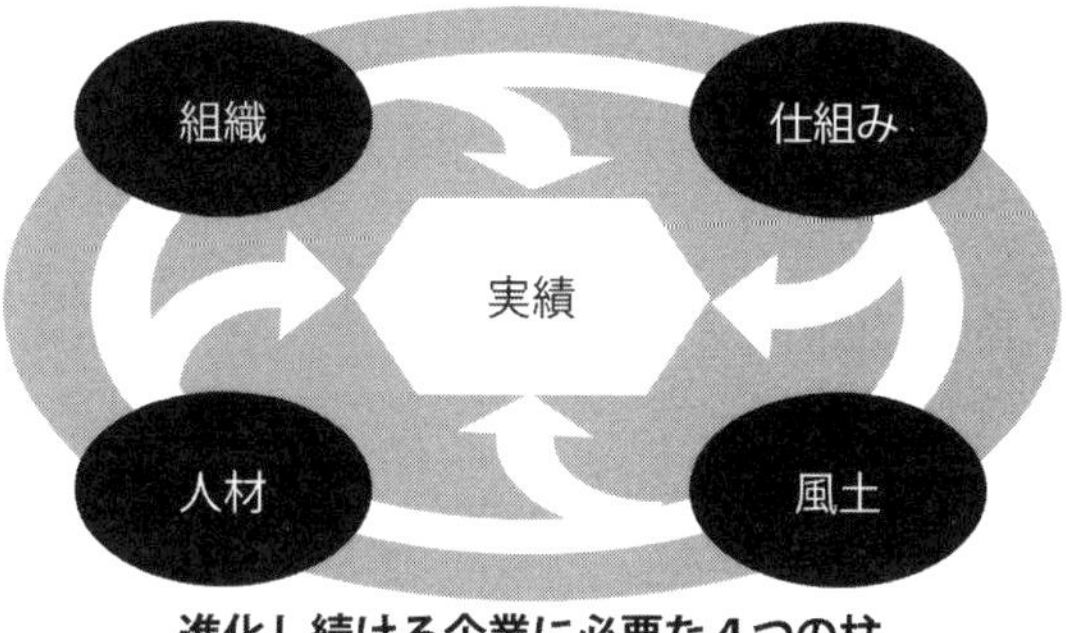

進化し続ける企業に必要な４つの柱

となく、柔軟で革新的な思考のスキルを持った人材をつくることです。ファンクショナル・アプローチは、効率よく創造的な人材を育成します。

創造スキルには、創造を助けるテクニックとマインドがあります。テクニックだけがあっても、マインドが不十分だと、間違った方向に進んでしまうかもしれません。マインドだけがあっても、テクニックが不十分だと、理想論で終わり具体性にかけてしまうことでしょう。どちらも備えた人材を育てなければ、大きな進化はできません。

そういう創造的な人材をつくるために、2つのポイントがあります。

1つは、知識と経験のバランスを取ることです。知識偏重の教育は、頭でっかちで、理屈っぽく、能書きが多くなり、評論家のような知識自慢になるかもしれません。経験偏重の教育は、正しい理論がなく、自信家で、他人の意見に耳を傾けることもなく、その経験が教育に活かせない堅物になるかもしれません。

もう1つは、達成目標を段階的に、複数設けることです。高すぎる目標を掲げることは、自信喪失になり、向上心減退、学習意欲の低下となります。ただ、低すぎる目標を掲げることは、余裕が生まれ、緊張感がなくなり、向上心減退、学習意欲の低下となります。

頑張れば届きそうなくらいの高さの目標を多段階に設定するのが効果的です。挑戦意欲を掻き立て、達成感を味わえ、次のモチベーションにつなげていくことができます。

教育対象は、全社員である必要はありません。オペレイティブな作業ばかりの従業員には必要ないスキルです。クリエイティブな活動を担当させたい人員数の３倍を目安に教育するのがよいと思います。３倍というのは、長年の経験からくるもので、教育しても実際に活動できる人材は教育した人数の３分の１程度になることが多いからです。

柱２　組織づくり

継続的に進化していくためには、教育した人材を活かす組織をつくる必要があります。個人的な活動であれば、組織は必要ありません。しかし、企業として戦略的に進化をさせていこうと考えるのであれば、組織は必要不可欠です。組織があるから人材を活用することができます。

ここでいう組織には、統制、監視、そして運営の３つの機能のある組織です。１つの組織であっても、階層的な組織であっても構いませんが、３つの機能が確実に達成できる組織でないと、進化し続けることは困難になるでしょう。

組織をつくるために、２つのポイントがあります。

1つは、独立した組織であることです。独立しているということは、他の組織の権限や責任の影響を受けないということです。どこかの組織に所属していると、その組織のシバリに拘束されてしまいます。組織的に中立だから全体最適が図れ、組織が独立しているから、大胆な改革が可能となります。場合によっては、ある組織がなくなることもあるからです。

もう1つは、経営と直結した組織であることです。企業の未来を探るための組織です。したがって、経営の意思が直接伝わる存在でなければなりません。本社組織はもちろんのこと、その中でも、経営企画、人材管理、経営参謀などと連携できる組織です。

柱3　仕組みづくり

継続して進化していくためには、組織を動かす仕組みをつくる必要があります。組織ができても、活動が伴わないと意味がありません。組織がその目的を達成するためには、活動しやすい仕組みが必要なのです。仕組みがあるから、組織が動き出し、人材が活かされるのです。

もちろん、仕組みがなくても組織が動くこともありますし、人材も活用することもできます。仕組み自体が拘束してしまうようでは本末転倒、進化の障害になることもあります。

しかし、仕組みがないと誰かが組織と人材を引っ張り続けていかなければなりません。進化を個人のスキルに依存することは、引っ張っていく人の存在が前提であり、いなくなると停止してしまいます。だから、人で動かすのではなく、仕組みで動かしていくことなのです。

仕組みをつくるために、２つのポイントがあります。

１つは、企業経営と連携された仕組みであることです。組織が経営と直結しているように、仕組みも連携されていなければなりません。ファンクショナル・アプローチが経営を助け、経営がファンクショナル・アプローチを活用する仕組みが必要です。

もう１つは、評価と関連づけられた仕組みであることです。進化するための提案が、教育を受けた全ての人材、構成する全ての組織に対して、提案と評価の機会が必要です。会社全体の進化、事業本部単位での進化、部門単位での進化、さまざまな進化に対して、定量的に評価できる仕組みが必要です。

柱４　風土づくり

継続的に進化していくためには、仕組みがフル回転する風土をつくる必要があります。

仕組みができても、関係者が拒絶するものであっては、空回りするだけです。関係者も協力し、応援し、支援するような風土が必要です。風土があるから、人材が育ち、組織が受け入れられ、仕組みが回るのです。

いろいろな組織に進化のスキルを定着させてきておりますが、最初はどうしても既存の風土が進化を拒絶する反応を示します。これは、当然の反応だと思っております。だから、風土づくりが柱の1つになっているのです。どんな風土でも初めは拒絶されますが、しだいに拒絶から回避に変わり、回避から併存に変わり、併存から融合に変わっていくものです。

風土をつくるために、2つのポイントがあります。

1つは、全従業員がかかわる風土であることです。一部の従業員だけの風土では長続きしないでしょう。流行りで終わるか、風土のある従業員とそうでない従業員の対立で終わるかです。全従業員がかかわる風土だから、内発的動機が生まれ、自発的な行動につながります。

もう1つは、既存の文化になじむことです。風土は、社風であり、企業文化であり、カルチャーです。創業当時から脈々と受け継がれた大切なモノだと思います。それを捨て、まったく新しい風土を持ち込むのはよくありません。それは進化というよりも、生まれ変わるようなものです。生き残ったとは言えません。あくまで既存の文化と融合していくことを考えていきます。

進化するための土台

これら4つの柱ができると、そこに安定した土台ができます。その土台の上で、実績をつくっていくのです。人材だけで、実績をつくろうとしないことです。仕組みだけで、実績をつくろうとしないことです。

大切なのは4つの柱のバランスです。バランスが悪いと土台が傾いてしまいます。どれもが同じように働いて、初めて優れた実績が生まれます。

実績をつくるために、2つのポイントがあります。

1つは、活動中はクローズであることです。活動中に、外部からの影響を受けてはいけません。たとえ、関係者が状況を知りたいと言ってきても、活動が終わるまではクローズです。クリエイションが生まれる瞬間は、とても大切なものです。ダイナミックな改善を行うためには、クローズであることです。

もう1つは、活動後はオープンであることです。全ての活動経過は、関係者に公表するべきです。良い点も、悪い点も、全てがオープンであることです。隠さない、ごまかさない、嘘を付かない文化は大切です。もちろん、オープンにしたことで組織関係や人間関係が悪くならないようにすることも必要です。

おわりに

私が、ファンクショナル・アプローチに出会ったのは、1997年のことです。その時の衝撃は、言葉では言い表せないものでした。ただ、どうして今まで知らなかったのだろうか、なぜ誰も教えてくれなかったのだろうか、という感想をもっていました。

初めは、自分の担当する業務に適用していたのですが、やがて、世の中のために広めていくべきだという想いに至ったのです。そして、「30年後の子どもたちのため、輝く未来を遺すため」という私の生涯をかけて貫くミッションと繋がるのに、多くの時間は要しませんでした。

まず、公共事業の改善に乗り出しました。対象となった事業は、10年間で総額1兆円以上になり、得られた効果は、2000億円を超えるものとなりました。全国各地から問い合わせが殺到し、その手法は標準化され、新聞や雑誌、テレビからも注目されるようになりました。

そして、これほどまでの効果が得られる思考システムを、日本の大多数の経営者が知らないことに、日本の経済成長を鈍らせている要因があるのではないかと考えるようになりました。

このスキルを全ての産業に伝えたい、企業の本来のあるべき成長に活かしてもらいたい。その思いが強まり、株式会社ファンクショナル・アプローチ研究所を起業するに至ったのです。

私は、クライアント企業に、ファンクショナル・アプローチの全てのノウハウを公開し、お伝えするようにしています。小出しにしているほど、時間がありません。進化のチャンスはすぐにでもやってくるかもしれないからです。

それでも、その企業の風土を大切にし、企業の中に新しい文化として浸透させ、自ら進化していただけるよう、その企業に最適な方法を検討し、その都度、作り上げていきます。だから、多くの企業にサービスできないのが現状です。コンサルティング期間の上限を設けて、長居しないようにしているのですが、中途半端に伝えられないため、私がサービスできる企業は限定されてしまいます。

コンサルタントとしては、効率の悪いやり方かもしれません。パッケージ化して、マニュアル化し、仲間を増やして手分けしてサービスすれば、もっと広がるかもしれません。しかし，それで長続きした企業がないことも知っています。所詮、外から持ち込んだものは、カンフル剤程度の役にしか立たないのです。

ほんとうの意味で、ファンクショナル・アプローチを使っていただきたいのです。必要とされている企業がある限り、1社1社サービスしていくしかないと思っています。今、サービスしている企業に集中し、次にお待ちいただいている企業に取りかかります。もしかしたら、次にお伝えできる企業は、あなたの所かもしれませんね。

仮に、ご縁がなくとも、本書でお伝えしている「進化できる企業」への準備を始めていただきたいと思います。少しでも、あなたとあなたの企業にとって、進化のきっかけになることを願っています。

私は、この素晴らしい思考システムを開発したローレンス・D・マイルズ氏に心より感謝致します。そして、FASTを開発したチャールズ・W・バイザウェイ氏、実践を通して、多くの学びと気づきを与えてくださったA・ピーター・リード氏、J・ジェイリー・カウフマン氏など、多くのメンターの方たちに、改めて感謝を申し上げます。先人のお陰で、今の私がいるのです。

また、本書の執筆の機会をつくっていただいた致知出版社の藤尾秀昭社長、企画の段階から、私のわがままを受け入れ、素晴らしい書籍に仕上げてくださった致知出版社の小森俊司さんに感謝します。

そして、ＦＡを共に学んできた仲間たち、弊社スタッフ、そして、私の家族にもお礼を申し上げなければなりません。彼ら彼女らの支えがあったればこそ、仕事も研究も執筆も、心血を注ぐことができたのだと思います。

最後になりましたが、本書を最後までお読みいただき、ありがとうございます。本書が、あなたの未来を輝くものに変えることを、切に願っております。

横田尚哉

２０１５年10月

参考資料

[1]　『扉の法則』、ジェームス・スベンソン、ディスカヴァー・トゥエンティワン、２００８年

[2]　『自然選択の方途による、すなわち生存競争において有利なレースの存続することによる、種の起原』(On the Origin of Species by Means of Natural Selection, or the Preservation of Favored Races in the Struggle for Life)、チャールズ・ダーウィン、１８５９年11月24日

[3]　『突然変異論』(The Mutation Theory)、ユーゴー・ド・フリース、１９０１年

[4]　『遺伝子の「分子進化の中立説」』(Evolutionary rate at the molecular level)、木村資生、Nature 217 (5129): 624–626、１９６８年

[5]　ウィキペディア、https://ja.wikipedia.org/、https://en.wikipedia.org/

[6]　ポラロイド、インターネットサイト、http://www.polaroidjapan.com/

[7]　『２０１４年「倒産企業の平均寿命」調査』、東京商工リサーチ

[8]　『新・経済学』(The New Economics)、W・E・デミング、MIT Press、１９９３年

[9]　『MBB：「思い」のマネジメント』、一條和生ら、東洋経済新報社、２０１０年

[10]　『先進企業から学ぶ事業リスクマネジメント実践テキスト』、経済産業省、２００５年

[11]　『トヨタ生産方式―脱規模の経営をめざして』、大野耐一、ダイヤモンド社、１９７８年

[12]　大塚家具、インターネットサイト、http://www.idc-otsuka.jp/

[13]　株式会社ニトリホールディングス、インターネットサイト、http://www.nitorihd.co.jp/

[14]　カルチュア・コンビニエンス・クラブ株式会社、インターネットサイト、http://www.ccc.co.jp/

[15]　『著者に聞く「ビッグデータ」と「直感」はどっちが大事?』、日経オンライン、http://business.nikkeibp.co.jp/article/life/20150519/281308/、２０１５年５月

[16]　株式会社星野リゾート、インターネットサイト、http://hoshinoresort.com/

[17]　内閣府、インターネットサイト、http://www.cao.go.jp/

[18]　『マディソン・データ』、アンガス・マディソン、インターネットサイト、２０１０年、http://www.ggdc.net/maddison/oriindex.htm
[19]　日本自動車工業会、JAMAGAZINE、２００８年2月号
[20]　リコー、インターネットサイト、https://jp.ricoh.com/
[21]　『前川リポート』、国際協調のための経済構造調整研究会、座長：前川春雄（１９７９～１９８４年、日銀総裁）、１９８６年４月
[22]　『中小企業白書』、中小企業庁、２００５年
[23]　東京商工リサーチ、インターネットサイト、http://www.tsr-net.co.jp/
[24]　大創産業、インターネットサイト、http://www.daiso-sangyo.co.jp/
[25]　帝国データバンク、インターネットサイト、http://www.tdb.co.jp/
[26]　４大銀行（三菱東京ＵＦＪ銀行、みずほ銀行、三井住友銀行、りそな銀行）
[27]　３大メガバンク（三菱ＵＦＪフィナンシャル・グループ、みずほフィナンシャルグループ、三井住友フィナンシャルグループ）
[28]　『男女共同参画白書 平成26年版』、内閣府男女共同参画局、２０１５年6月
[29]　『ワンランク上の問題解決の技術《実践編》視点を変えるファンクショナル・アプローチのすすめ』、横田尚哉、ディスカヴァー・トゥエンティワン、２００８年7月
[30]　『子牛の足跡』（The Calf-Path）、Sam Walter Foss
[31]　『ピーターの法則　創造的無能のすすめ』（The Peter Principle）、ローレンス・Ｊ・ピーターら、渡辺伸也・訳、ダイヤモンド社、１９６９年
[32]　『7つの習慣　成功には原則があった!』、スティーブン・Ｒ・コヴィー・著、ジェームス スキナーら・訳、キングベアー出版、１９９６年
[33]　ディズニー・インスティテュート、インターネットサイト、https://disneyinstitute.com/
[34]　『ブルー・オーシャン戦略 競争のない世界を創造する』、Ｗ・チャン・キムら、ランダムハウス講談社、２００５年

[35] マイルズ・バリュー・ファンデーション（Miles Value Foundation）、インターネットサイト、http://www.valuefoundation.org/
[36] ジョンソン・エンド・ジョンソン株式会社、インターネットサイト、https://www.jnj.co.jp/
[37] リッツカールトン、インターネットサイト、http://www.ritzcarlton.com/
[38] スチュー・レオナルド、インターネットサイト、http://www.stewleonards.com/
[39] 『ＦＡＳＴ　クリエイティビティ＆イノベーション』（FAST Creativity & Innovation）、チャールズ・W・バイザウェイ、J. ROSS、２００７年
[40] 『組織行動』（Organizational behavior）、ステファン・P・ロビンズ、Stephen P. Robbins、2001 年

〈著者略歴〉

横田尚哉（よこた・ひさや）

株式会社ファンクショナル・アプローチ研究所代表取締役社長。顧客サービスを最大化させる経営コンサルタント。世界最大企業・GE（ゼネラル・エレクトリック）の手法を取り入れ10年間で総額1兆円の事業改善に乗り出し、コスト縮減総額2,000億円を実現させる。

「30年後の子供たちのために、輝く未来を遺したい」という信念のもと、そのノウハウを潔く公開するスタイルは各種メディアの注目の的。「形にとらわれるな、本質をとらえろ」という一貫したメッセージから生み出されるダイナミックな問題解決の手法は、企業経営にも功を奏することから「チームデザイン」の手法としても注目が高まっている。著書に『問題解決のためのファンクショナル・アプローチ入門』『ワンランク上の問題解決の技術《実践編》』（ともにディスカヴァー）、『ビジネス・スキルイノベーション』（プレジデント）がある。

http://www.fa-ken.jp

第三世代の経営力

平成二十七年十一月二十日第一刷発行

著者　横田尚哉
発行者　藤尾秀昭
発行所　致知出版社
〒150-0001東京都渋谷区神宮前四の二十四の九
TEL（〇三）三七九六―二一一一
印刷　㈱ディグ　製本　難波製本

ISBN978-4-8009-1088-2 C0034
ホームページ　http://www.chichi.co.jp
Eメール　books@chichi.co.jp